从心出发

情怀亚洲 50 年

香　格　里　拉

从心出发

情怀亚洲50年

李菁/大卫·阿姆斯登 著

中国摄影出版传媒有限责任公司
中国摄影出版社

序　言

50年前，香格里拉的首家豪华酒店在新加坡开业，香格里拉的故事就此开启。当时的新加坡是一个刚独立的多元文化国家，正努力找寻它在国际舞台上的一席之地。与此同时，香格里拉也正在创建亚洲式待客之道的品牌理念。数十年间，新加坡已发展成为一个朝气蓬勃的国际旅游目的地和世界枢纽，而香格里拉在国际市场上也同样获得了令人瞩目的发展与成就。

如今，香格里拉集团已成为一家国际化公司，旗下的 100 多家豪华酒店遍布全球，其中 4 家位于新加坡。作为品牌的旗舰酒店，新加坡香格里拉是深受欢迎的地标。它接待过数百万游客和许多政要名流，并举办了无数国际性活动和会议。由英国伦敦“国际战略研究所”主办和新加坡国防部协办的“亚洲安全峰会”，甚至被命名为“香格里拉对话会”。

50 年来，香格里拉通过不断地追求卓越、开拓创新，巩固它作为亚洲最杰出酒店服务品牌之一的地位。因此，这本书是对香格里拉一代代员工的献礼——正是他们一如既往的辛勤付出，成就了今天的香格里拉。书中收录了多位亚洲知名人物的故事和他们钟爱的“香格里拉时刻”，也展现了香格里拉数十年的发展及其与亚洲腾飞紧密相连的成长历程。

我谨贺香格里拉集团金禧志庆，祝愿它再创辉煌！

李显龙

新加坡总理

对页图：新加坡总理李显龙

一个关于我们和亚洲的故事

50 年，跨越整整半个世纪。我的父亲郭鹤年在 1971 年创立了香格里拉酒店品牌。当我开始考虑如何以最好的方式纪念这一里程碑的时候，我反复思考着一个问题：这到底是一个怎样的故事？

当我回想得越多，这一段历程在我的眼前就越发清晰起来。从第一家酒店开业，到如今我们有 100 多家酒店遍布亚洲及世界各地，我们的历程映射了亚洲 50 年伟大发展与变革背景下的一个篇章：中国大陆在经济与文化方面的崛起令人振奋，香港于 1997 年回归祖国，从曾经的世界通向中国的大门转变为一个全球金融中心；新加坡独立后取得了飞速发展，并在东南亚地区技术与金融领域崭露头角；菲律宾发扬热情与坚韧的精神，数十年持续向现代化迈进。正因为无数这样的故事，香格里拉才得以发展至今，让我们的 50 年变为可能。作为一个酒店服务集团，我们庆祝周年的最佳方式莫过于致敬亚洲这片热土，及其以惊人的速度不断革新自我、开创未来的开拓精神。

这本书正是源于这个灵感，它就像是一封情书，细述我们对亚洲及其迷人活力、非凡历史和多元文化的热爱，致敬这里所汇聚的无数梦想、理念和创新，而我们很荣幸能够融入其中。它更像是一本旅行心得，告诉你酒店不仅仅是旅行奔波的休憩之所，亦是一扇开启探索之旅的大门。 在这里，人们可以分享经验、建立情感、增进友谊、发展合作、加强互信。 这本书集成了来自世界各地的作家、艺术家、摄影师和摄像师的通力合作，历时超过两年，期间经历了新冠疫情对世界秩序的影响和沟通方式的改变。在如此挑战性的时刻，能和大家一起分享旅行带给人们的美好感受，我感到很荣幸。

对页图：香格里拉集团董事长郭惠光

在这本书中，我们选择了亚洲最具代表性的六个精彩目的地，它们不仅能够激发旅行者的想象力，同时也与香格里拉的故事紧密相连。我们将带你前往新加坡，这里是香格里拉的起点。然后来到中国：1981 年我们的酒店业务首次拓展于香港，现在这里也是我们集团总部所在地；1984 年在杭州，我们首次进入中国内地，这是香格里拉的又一里程碑，对我的父亲郭鹤年也有着重要的意义。作为在马来西亚长大的华人之子，他在本书第一篇章中讲述了对中国的改革开放充满信心。我们还将带你前往中国的北京和上海，香格里拉酒店成为商业中心的首批地标——当年的冒险投资，现在成了先见之明。最后来到菲律宾，这里是一个风光迷人的国度，热情好客的文化对香格里拉待客之道产生了深远影响。

这本书同样展现了旅行的终极魅力：融入一个新的目的地不仅可以开阔眼界、打破成见，还能让我们更好地发现和理解人性的共通之处。回顾我自己的旅行，无论是大学时期做背包客游历中国和印度，或是去非洲新婚旅行的时候，比起在景点拍照和住豪华酒店，与当地人交流的经历更让人记忆深刻。

这本书里的主人公都是对亚洲有着重要贡献的人。从商业领域的精英代表到善于创新的烹饪大师，再到文化艺术界的杰出人物，他们都亲身经历了亚洲的转型与变革，既是见证者，也是参与者。在书中，他们就像是东道主，兴致勃勃地与你分享他们的个人经历和家国情怀。通过他们的故事，你会对亚洲 50 年来的变化有更深刻、更多层次的了解。同时，作为香格里拉的挚友，他们会讲述与酒店的特殊缘分，以及对香格里拉 50 年亚洲式待客之道的体验与感触。

每当我思考我们作为一个服务企业的未来发展时，我都会想起小时候，我的父亲在家里是如何款待客人的。他是一个充满了同理心、好奇心的人，也是一个对亚洲充满无限热爱的人。在饭桌上，他总是把碗里最好的那块肉留给客人；冷风吹过时，他会立刻将自己的外套披在客人的肩头；送客的时候，他还会让客人们带几瓶酒回家品尝。50 年前，我的父亲创立了香格里拉酒店，他总会做到让每一位走进酒店的客人，无论是西装革履，还是穿着朴素，都得到同样的照顾。

这些就是这本书所要传递的，我们一直遵循并引以为豪的亚洲式待客之道：在客人开口前就能预见他们的需求，打造一个让人们感受到温暖和关怀备至的世界。好了，坐下来，请放松，让我们向你展现一个我们深爱的亚洲，一个不断激发我们成长的亚洲，一个能为你启发未来旅途的亚洲。

郭惠光

香格里拉集团董事长

认识我们的主人公

感谢当代亚洲的以下人物，与我们共同分享他们与亚洲的美好故事。

新加坡 50

温美玉 (Violet Oon)：自 1988 年起担任新加坡美食大使。作为厨师、餐厅主理人和作家，她积极投身于新加坡美食文化的推广传播。

李小冬：作为全球消费互联网公司 Sea 的创始人，他给新加坡的商业面貌带来了革新性的改变。Sea 的业务包括 Garena、Shopee 和 SeaMoney。Garena 是备受欢迎的在线游戏发行商和开发商。Shopee 是东南亚最大的区域性电商平台，并逐渐在拉美扩大影响力。SeaMoney 是东南亚领先的数字支付和金融服务提供商。

中国

香港 96

盛智文 (Allan Zeman)：一位极具开拓精神的企业家和商业大亨。他在 20 世纪 80 年代初期为香港打造了闻名遐迩的夜生活街区兰桂坊，被誉为“兰桂坊之父”。

傅厚民 (André Fu)：知名室内设计师和建筑师。他将独特的现代主义及多元文化感知力融入酒店和餐厅的设计，诠释了亚洲热情好客的文化。

李泽湘：香港科技大学电子与计算机工程学系教授。他创办了固高科技，这是一家运动控制和机器人技术公司，被称为“中国科技创新领域的前沿代表”。

杭州 148

汤唯：中国女演员，主演超过 15 部电影，包括《晚秋》《黄金时代》《北京遇上西雅图》等，获得过中国台湾金马奖，以及韩国青龙奖、百想艺术大赏等众多亚洲国家的电影大奖。

北京

186

陈晓卿：纪录片导演。他的作品包括《舌尖上的中国》《风味人间》及奈飞（Netflix）热门系列《风味原产地》，展现了中国丰富多彩的烹饪传统及饮食文化。

郎朗：中国著名钢琴演奏家。他以精湛的表演和对古典音乐的现代诠释而成为国际舞台上的钢琴巨星。

曾梵志：中国当代最杰出的艺术家之一。历时 30 余年，他尝试多种不同的绘画风格与艺术形式，来探讨中国社会的情感表达。

上海

242

梁建章：他创办了全球领先的旅行平台——携程集团，汇集了中国及国际旅行品牌。他在 20 多年间为亚洲旅游业的面貌带来了改变，并推动了旅行方式的创新。

余隆：全球最富声望的中国指挥家之一。他是中国爱乐乐团艺术总监兼首席指挥，上海交响乐团音乐总监，广州交响乐团音乐总监。

菲律宾

290

蔡启文 (Ramon S. Ang)：作为生力集团总裁兼首席执行官，他将公司转型成为菲律宾最大和最多元化的企业集团之一，并以此助力推动菲律宾的经济发展。集团在菲律宾经济增长的支柱产业处于领先地位，包括食品和饮料、电力、石油和燃料、基础设施、水泥等。

郭鹤年
从“心”出发，香格里拉之路

郭鹤年是香格里拉集团创始人，享誉亚洲的企业家，业务涉及商品贸易、地产开发和酒店管理等领域。他在此分享了香格里拉创立的经历，讲述了在一个前所未有的经济增长和文化变革的历史时期，一家诞生于新加坡的酒店如何在中国及亚洲实现发展的故事。

对页图：香格里拉集团创始人郭鹤年

意外的缘分

我早年经商时，在新加坡结识了两位朋友，他们都是闽南人，一位是南安人洪敦树，另一位是泉州人何瑶焜。1967 年底，他们在新加坡买了一块宝地。这块地在乌节路的支路——柑林路一侧，大约有五六公顷，包括街对面 0.8 公顷的地块。那时候新加坡离开英国人的势力不久，城市规模还很小，这块地当时算是郊外，但如今已经是市中心了。地形很漂亮，但洪敦树他们没想好用它做什么。于是他们来问我："要不要一起做，帮我们想一想？"

他们当时买下这块地是想建住宅，但他们的合伙人建议他们建酒店。他们知道我与新加坡政府领导们的关系不错，可以帮助他们申请变更土地用途。于是，我找了吴庆瑞副总理——吴博士对中国的改革开放有过帮助，邓小平先生也很尊重他。吴庆瑞认为新加坡需要最现代化的酒店，他相信我可以建造出这种品质的酒店来。

坦率地说，一方面，虽然当时我的业务已经触及不同行业，但我最初并没有拓展到酒店业的计划，我只是希望能将业务从商品贸易转向多元化发展。因为商品贸易存在先天的风险，赚钱的唯一方法就是冒险。但另一方面，其实我对酒店业也默默观察了很久。从 20 世纪 60 年代至 20 世纪 70 年代前期，我平均每年有 70—100 天入住欧洲最好的酒店。我的大脑像照相机一样，拍下所经历的一切，包括各种各样的硬件设施和服务细节。虽然我没有跟其他任何人提起过我的观察，但我知道，如果有人请我去建一家酒店，我立刻就会有想法了。

一开始只是给朋友帮忙，但随着项目确定下来，却把我的一颗好奇心变为了现实。我成了四个股东之一，而且年纪最小。回想起来，这就是第一家香格里拉酒店的诞生，是一个意料之外而又很有意义的开始，而且一干就是 50 年。

20 世纪 60 年代的乌节路还是新加坡的郊区，景色美丽，绿树成荫。

对页图：20 世纪 60 年代的新加坡渴望建设一个独立国家。画面中是 1964 年 4 月新加坡市中心和新加坡河的俯瞰图。

SF 1677

2022 年，一家人经过新加坡滨海艺术中心。
对页图：20 世纪 60 年代，人们走过新加坡海港旁的小吃摊。

不打不相识

学习成为酒店老板是一段熬人的经历。从事商品贸易，对我来说如鱼得水；但从事酒店业，我需要对好酒店的建筑结构、内部装修、运营管理，甚至房间大小建立精准的概念。刚开始的阶段，我们就是“摸着石头过河”。

我们雇用了有经验的伙伴和人才，包括日本酒店设计师洋三柴田(Yozo Shibata)和英国工程师杰克·辛普森(Jack Simpson)。我们最终在那个较大的地块上建了三幢香格里拉酒店大楼，最先建的是塔楼翼，然后是花园翼和峡谷翼，之后又在那个较小的地块上兴建了香格里拉酒店式公寓。

因为酒店业务很大部分是用英语，洪敦树和何瑶焜完全不懂，所以主要依靠我去接洽。柴田推荐我认识了美国西雅图威士腾国际酒店[注：Western International Hotels，后改名为“威斯汀”(Westin)]董事长兼CEO艾迪·卡尔森(Eddie Carlson)先生，他是美国人，比我大十几岁。我们见面之后谈得很投机，他同意来帮我们管理酒店，几乎当场就要达成协议了。

但没有料到，节外生枝。我们的话题不知怎么就转到了政治上。当时正是越战进行得最激烈的时候，我很直率地说：“你们美国人为什么去欺负越南？”讲到这儿，我很激动，对卡尔森讲了一点批评的话。卡尔森听到我的话显得非常生气，很快找了个理由中断了谈话，我们冷冷地握手说了声“再见”，很久没有下文。我想，那也没问题，我自己做一家酒店，也不是非要依靠美国人。那时我的脾气就是这么倔。

但威士腾集团并不甘心，过了几个月，他们通过犹太商人雅各布·巴拉斯(Jacob Ballas)来找我。雅各布是我的老朋友，他劝我与他们见面消除误会。我缓和了下来，这次谈得很顺利。就这样，我和卡尔森建立了密切的关系，我们互相尊重。所谓好事多磨，不打不相识，可能就是这个道理。遗憾的是，他已经去世了，没有看到我们今天的发展。

对页图：1971年，新加坡香格里拉塔楼翼开业庆典。

起步新加坡

1971年4月23日，是新加坡香格里拉正式开业的日子。

“香格里拉”这个名字是怎么来的呢?这要归功于我的一位法国朋友乔治·托比(George Toby)。一天，他来看工地，问我：“你的酒店叫什么名字?”我想，这条马路叫“柑林路”，酒店就叫“Orange Grove Hotel”。没想到，他听了之后，用英文说了句：“这个名字太傻了!”我忍着气问他：“那你想叫它什么名字?”他想了几秒钟后说：“叫作‘Shangri-La’吧!”我当即想，多好的名字啊!我把这个名字告诉了合伙人。洪敦树和何瑶焜两人起初都反对，说他们在曼谷去过的按摩馆也叫“Shangri-La”。我当时在公司的股份只占10%，所以我说：“好吧，你们不要就不要嘛，不要紧。”

幸运的是，我们最后还是保留了这个名字，“香格里拉”成了一个经典。

新加坡酒店经营了三四年后，我逐渐掌握了酒店管理的奥秘。1978年，我决定在香港建立自己的酒店管理公司。但当时我的主要精力还在忙于开拓其他业务，不想分心做酒店管理，所以我与威士腾续约，让他们继续管理新加坡香格里拉五年。

正如我之前所说的，我不是有计划地走进酒店业。可一旦开始了，就一发不可收拾。只有一家酒店的时候，你会伺机出售，因为经营酒店也是一种负担；如果你有了更多的酒店，你就要有步骤、有头脑地不断发展。

在新加坡建了香格里拉之后，我们又在马来西亚的槟城建了沙洋度假酒店(Rasa Sayang Resort)、金沙度假酒店(Golden Sands Resort)等。之后，我们决定在大城市建酒店，包括吉隆坡香格里拉、香港九龙香格里拉、曼谷香格里拉，然后是香港港岛香格里拉。其中，九龙香格里拉是我在1977年11月通过拍卖收购的一块地上建起来的。至今，它依然有着特别的意义。到20世纪80年代中期，香格里拉已经发展成为一个初具规模的酒店集团。虽然不是所有的项目都发展得很顺利，也有几个失败的例子，但所幸我很快从一些小挫折中调整过来，逐步走到今天。

上图：1971 年，郭鹤年（右）与新加坡副总理吴庆瑞共同为新加坡香格里拉塔楼翼揭幕。
下图：1980 年，郭鹤年（中）在香港九龙香格里拉的封顶仪式上。第 22–23 页图：1971 年开业的新加坡香格里拉。
第 24–25 页图：继新加坡香格里拉建成之后，香格里拉开始在中国内地及中国香港等重要城市兴建酒店。

acres of lush tropical gardens at
rove Road, will be officially ope
Defence Minister, Dr. Goh Keng

Dr. Goh opens $38½m Shangri-La Hotel

By MASIE KWEE

THE plush $38½ million Shang Hotel, standing majestically on acres of lush tropical gardens at Or Grove Road, will be officially opene the Defence Minister, Dr. Goh Keng S at 6 p.m. today.

Nothing has been spared to make this morable occasion for the 3,000 guests senting Government, travel agencies, a shipping companies, leading commercial and the press.

Gala gaiety will be the theme of the ceremony. At 5.45 p.m., lion dancers will perform at the main entrance to the Shangri-La. There will also be Malay musicians playing traditional Malay drums.

DR. GOH KE
...to officiate
ceremo

Ceremony

The opening ceremony will be held in the Island Ballroom and guests have to turn left from the main entrance to reach it. Indian temple musicians will be stationed here, offering their sample of music.

Dr. Goh's car will be escorted up the driveway to the Island Ballroom by the Anglo-Chinese School Boys Brigade band.

At the foyer of the ballroom, Dr. Goh will be met by Mr. Kuok Hock Nien, chairman of the hotel, Mr. Runme Shaw, the deputy chairman, and

Dr. Goh steps into room. Two will then Singapore the Shang in front of entrance.

Speeches Himmelma man and cutive Western al Hotels and Dr. follow.

After hi

morable occasi
senting Govern
shipping compa
and the press.
Gala gaiety w
the theme of the
mony. At 5.45
lion dancers wil
form at the mai
rance to the S
gri-La. There wil
be Malay mus

$200m loan for Shangri-La Hongkong signed

$200 million loan for a Tsimshatsui hotel complex was signed at a ceremony here yesterday.

Proceeds of the loan will be used to finance construction cost of the 720-room Shangri-La Hongkong which is targeted to start operation in late 1980.

The multi-currency syndicated term loan facility, with Indosuez Asia, Credit Lyonnais Hongkong Finance and the Bank of Tokyo as lead managers, is for eight years, nine months with a three-and-a-half year grace period.

Interest on the Hongkong dollar portion of the loan ($68 million) is based on three-month interbank rate computed daily plus a spread. The borrower has the option of switching to US dollars whenever he wishes.

The Singapore dollar portion of the loan amounts to $41.33 million.

The hotel will be under the management of Western International Hotels of Seattle, Washington, which is owned by United Airlines. The publicly-quoted Shangri-La Hotel, Singapore, has a 30 per cent stake in the project.

On November 25, 1977, Parasol Investments, owned by Hongkong-based sugar king and leading commodity trader Robert Kuok, paid $163 million — or $40,750 per square metre — for a Kowloon waterfront site. On June 18 this year, a Tsimshatsui East prime site was sold to a group of businessmen for $400 million or $88,888.89 per square metre.

"Mr Kuok and his partners are coming up with their own money — an initial paid-up capital of $175 million," said Indosuez Asia corporate finance manager Ung Bee Kok.

GREAT CONFIDENCE

Mr Ung said the banks conducted a thorough study before undertaking the project financing.

"They have great confidence in the project — the whole thing stands by itself," he said. "They took into account the current hotel situation — it's almost impossible to get a room — and the fact that the borrower wants this hotel to be the best of its kind.

"We are very confident th they will succeed completely."

Mr Ung referred to "th excellent track record" of t Singapore Shangri-La. He add that "all the participants are peop of substantial means and v professional."

Co-managers are the Bank Canton, the Bank of Nova Sco (Hongkong branch), the F Nationaal Bank of Chic (Hongkong branch), the Bank China (Hongkong branch), I Asia, the Industrial Bank of Ja (Hongkong branch), and Un Overseas Bank.

It is believed to be the time that the Bank of China participated in a Singapore tranche. The bank's sub-manager Chen Hung took part in yesterday's ceremony.

---

the Island Ballroom and guests have to turn left from the main entrance to

DR. GOH KENG SWEE ...ficiate at today's ...ceremony.

...h when he ...nto the ball- ...wo Boy Scouts ...n hoist the ...e flag and ...ngri-La flag of the main

...es by Mr. L.P. ...an, chair- ...d chief exe- officer of Internation- ...s in Seattle, Goh will

...s speech, Dr. ... unveil a ...rative pla-

Page 34

G POST

Group plans 17 hotels in China

SHANGRI-LA Asia has set its sights on China for expansion, with 17 hotel projects at the planning or development stage.

Managing director Paul Bush said: "We are already, by far, the biggest and most diverse five-star hotel group in China.

"We see enormous prospects in the major cities, certainly Beijing and Shanghai, and in the large number of secondary cities that have been under-served by five-star hotels.

"There is potential for the group to expand there and in many places there is potential for the development of complexes similar ...

...gri-La Asia has a 49 per cent equity.

Shangri-La Asia intended expanding its interest in four-star properties after the success of its Traders Hotel in Beijing, Mr Bush said.

The group's China properties had been insulated from the negative affects of China's austerity drive by its reliance on business travellers from outside China, he said.

Local guests from within China were a small factor overall, but the company saw it growing.

"At this stage, our China hotels primarily cater to the business sector," he said.

"The only exceptions to that would be Hangzhou, at ...

MONDAY, NOVEMBER 28, 1994

SOUTH CHINA M...

Shangri-La stirs strong interest

SHANGRI-LA Asia is a relative newcomer to the stock exchange, having listed in June last year.

The company becomes part of the Hang Seng Index from February 28 next year but news of its inclusion had already drawn investor interest, Paul Bush, Shangri-La Asia managing director, said.

"There certainly has been an increase in interest. We were getting an average of two or three analyst inquiries and interview requests a week. This has now increased to about five a week," he said.

"The inclusion in the index will be very important to us in view of our growth plans. I am delighted we have been included and the company's shareholders will benefit. I can't see any downside in it at all."

Recent analysts' reports on the group have been favourable. Sassoon Securities said Shangri-La Asia was "a low-risk China play", as its earnings were protected by its reliance on business travellers.

Mr Bush said the group had detected more interest in Shangri-La Asia stock among institutional investors as a result of its inclusion in the Hang Seng Index.

Trading activity is expected to build as a result. "It has to build up, and perhaps it depends on an increased liquidity in the stock in the market and the pool of available shares for trading. There are signs of it already," he said.

Mr Bush said he and other Shangri-La Asia executives were delighted at the decision to include the company in the index but it had not come as a complete surprise.

Shangri-La Asia is one of two companies in the new batch of HSI constituents controlled by the Kuok Group. The other is South China Morning Post (Holdings).

Interests associated with the Kuok Group control about 56 per cent of Shangri-La Asia's shares.

More than 55 per cent of Shangri-La Asia's income is generated in Hong Kong. China accounts for most of the remainder.

The company predicts a shift in emphasis towards China.

"With our programme of building many more hotels in China and none currently planned for Hong Kong, it is obviously going to shift towards China. We continue to be extremely bullish on the company's prospects there," Mr Bush said.

Before the group put up another hotel in Hong Kong, there would need to be a big swing in the economics of hotel development, he said.

"Currently, hotels are being pulled down, rather than being put up. Obviously, this is because developers make more money from office development than they do from hotels. This situation will have to change for the sake of everyone, not least the financial standing of Hong Kong. We must be careful we are not pricing ourselves out of the market in terms of five-star hotel rates," he said.

This could be achieved in several ways. One way was by altering plot ratios in favour of hotels and sites were, generally, available for this, he said.

Mr Bush said the company would be examining development opportunities on sites that would be made available by the Hong Kong reclamation projects.

Shangri-La's strategy is to invest in hotels and associated interests. Its two big non-hotel income earners are the China World Trade Centre in Beijing and the Shanghai Centre in Shanghai.

Hotel income is about 70 per cent of total revenue; the balance is from commercial ventures.

Of the group's hotel revenue, about half comes from rooms, about 40 per cent from food and beverage and the remainder includes laundry and telephone services.

The group has no present intention of investing outside hotels and associated areas.

Mr Bush said the Shangri-La group had established a fine reputation among travellers in Asia as a result of efforts in Singapore during the 1970s.

"To this day, in our hotels in Hong Kong, particularly, and increasingly in China, we are getting very loyal patronage from Southeast Asian business people who have remained with the Shangri-La group for many years," he said.

"And, of course, with the increasing number of Shangri-La hotels in the group, we are able to promote the group internationally."

Loyalty was also beginning to build among clients from North America and Europe, Mr Bush said.

The Shangri-La Asia group appreciated the benefits of being a public company.

Mr Bush said: "It facilitates the raising of finance.

"For example, at the end of 1993, we issued US$258 million face value of discounted convertible bonds that netted us $217 million. It would not have been possible to do that issue at that price if we had not been a public company."

Five-star . . . a drawing of the Shangri-La planned for Changchun, Jilin provi...

Shangri-La

中国情怀

一直以来，我都很感谢我的母亲，是她让我对父母的出生地——中国怀着终生的兴趣。母亲从 20 世纪 40 年代到 20 世纪 50 年代定期往来于马来西亚和中国大陆之间。母亲由始至终与中国维系着很紧密、很深厚的感情纽带。

我早在 1965 年就开始去大陆。第一次，我去了广交会，顺道又跟着华侨团去了一个公社，在公社礼堂吃了一顿不错的午餐，简单的菜肴颇有乡土风味。这些早年的访问让我感受到，中国人信守道德、行事得体。我从不觉得自己像一个外人。

到 20 世纪 70 年代中期，我再次访问中国。那时的大陆比我出生的马来西亚贫穷落后很多。我意识到，中国必须警醒过来，加入现代世界的潮流。母亲当时并不建议我在中国投资。可是我觉得，如果有可能，我愿意为祖国的发展出一份力。

当时，大陆的酒店大多数设施比较简陋。那时正是改革开放初期，国内要吸引和接待大批的外商和投资者。我认为，要发展经济，中国的旅游业就一定要有现代化的设备和管理。

第 26–27 页图：九龙香格里拉矗立于中国香港城市天际线，至今依然意义非凡。
对页图：1985 年 10 月，郭鹤年（左三）与团队讨论酒店设计方案。从左至右依次是：中国国际贸易中心副总经理洪敬南（左一）、香格里拉酒店管理集团资深副总裁弗朗茨 · 维德（Franz Wyder）（左二）、香格里拉酒店管理集团总裁迈克尔·卡利克（Michael Kalyk）（右三）、郭孔镇（右二）和杨俊辉 (John Young)（最右）。

初次试水

香格里拉在中国内地的第一次“试水”，是在风景如画的杭州。有一天，我的好友何瑶焜来找我，说杭州有一家颇为雅致但年久失修的酒店需要装修、翻新。许多国家政要也会在那里入住。他说的是著名的杭州饭店，于 1956 年建成，曾经是周恩来总理的下榻之所。酒店俯瞰西湖，位置得天独厚。

于是我便飞去杭州，与当地主管官员会面，终于在中国内地成功开始了我们的第一个酒店项目。我们投入资金，把原来的杭州饭店重新装修改造成“杭州香格里拉饭店”，在 1984 年开业。我们正式开始了在中国内地的带资管理模式。

差不多同一时期，我们签订了北京香格里拉饭店项目，这是我们在中国内地的第一家自建酒店，我承诺投资完成整个项目的建造和配套。当时中国普遍缺少受过专业训练的酒店管理人员，负责酒店的瑞士总经理杰瑞找到了一位半懂英文的年轻人当助手，我们在紫竹院附近租用了一所闲置的学校，从北京及欧洲请来一些老师给新招的员工做培训。我们在中国内地就是这样一点点做起来的。

从 20 世纪 80 年代开始，我们的酒店在中国主要城市接踵落成，如今，我们在中国内地拥有超过 50 家酒店。

1984 年，郭鹤年带女儿郭惠光参观杭州灵隐寺。
对页图：1984 年，杭州香格里拉盛大开业。
第 32–33 页图：2021 年的杭州鸟瞰图，这座城市被誉为亚洲最美的风景胜地之一。

烈庆祝杭州饭店正式开业
热烈庆祝杭州饭店正式开业

创业北京

我一生在生意中遇到过很多贵人，其中一位是林楷先生。他是我早期的贸易伙伴，也是我在国内真正的朋友。1977年的一天，林楷跟我说，中国旅游局很希望我能帮忙在中国兴建酒店。我清楚记得我飞去北京的那天早上，我的女儿惠光在吉隆坡出生。

在投资了北京香格里拉饭店之后没多久，林楷又找到我："鹤年，你对再投资中国有兴趣吗？"我说："当然有！"为什么我有这个信心？我自己是中国人。中国人吃苦耐劳，没有什么可以挡住中国人的拼搏精神。

林楷跟我讲了中国国际贸易中心的项目，要做成面向世界的窗口和标志。当时是美国财团和日本政府的一家银行在竞争这个机会，他希望我能参与。听到这个消息，我想，今天的中国还必须靠外国人吗？我告诉他，我们要争志气，不要让外面的人看不起我们中国人。

启动国贸项目需要一大笔资金。我差不多有这笔钱，便决心投资这个项目。我说我们不要靠外人，自己做。其实，如果这笔钱用在香港买地，可以赚更多。但我要用这笔钱去做更有意义的事。

国贸中心的谈判大约从1983年下半年开始，经贸部指派了两位干部罗抱一和冯天顺与我洽谈，我们几个人每天从早上九点一直谈到晚上七点。1984年11月，我们在人民大会堂正式签约。代表中方与我签约的是对外经济贸易部部长陈慕华女士。

1985年9月1日，我们举行了奠基典礼。在这次合作中，我们经历了很多波折，出现过理念上的不合与碰撞。值得庆幸的是，我们最终坚持了下来。

1990年8月30日，国贸一期全面开业。我们又继续兴建了二期、三期。当时，国贸中心算是中国最大的中外合资综合体项目；今天，它依然是中国最有代表性的项目之一。这确实是个巨大的工程，总建筑面积有110万平方米，当中还建了三幢酒店，分别是中国大饭店、国贸大酒店和新国贸饭店。

在这个项目过程中，我多次去过北京，也认识了很多好人。我更有幸结识了很多具有远见的优秀领导人。有了他们的支持，我对祖国就更有信心了。

1988年，正在建设中的中国国际贸易中心。对页图：1984年11月，北京香格里拉奠基仪式。

1990 年 8 月 30 日，中国国际贸易中心正式开业，郭鹤年（前排左四）与员工代表合影留念。前排为：中国国际贸易中心董事郭孔丞（左二）、总经理冯志成（左三）、董事长孙锁昌（左五）、董事林楷（右四）、副总经理洪敬南（右三）。

郭鹤年热衷于邀请外国友人来访中国。左上图：郭鹤年与前马来西亚财长 Tun Dr Abdul Daim bin Zainuddin 的夫人 Toh Puan Mahani Idris（右）、前马来西亚副总理 Tun Dr Ismail Abdul Rahman的夫人 Toh Puan Norashikin binDato'Mohd Seth（左）。右上图：郭鹤年与前马来西亚中央银行副行长、国家银行行长 Tun Ismail Ali 夫人 Toh Puan Maimunah Abdul Latiff。下图：郭鹤年与夫人何宝莲（左三），以及他的朋友前马来西亚财政部秘书长 Raja Tun Mohar Raja Badiozaman（左一）和夫人 Toh Puan Norella Talib（左二），他的同事 Puan Sri Shirley Geh（右二）和 Tan Sri Geh Ik Cheong（右一）。

在不到 30 年的时间里，北京的出行方式发生了巨大变化，映射出城市的变迁。图为 20 世纪 90 年代北京“面的”驶过天安门广场。
对页图：2021 年，北京中央商务区的晚高峰时刻。

景华南街
JINGHUA South St

开拓上海

我去过上海很多次。1992 年，我有一次在上海，当时任市委书记的吴邦国请我在当地的国宾馆共进晚餐。这次上海之旅让我有一种直觉，一场新的重大的变革将要来临。

一回到香港，我就召集团队，对他们说："我们现在必须集中精力开拓上海市场。"不久，我们得知曼谷正大集团已经与浦东陆家嘴开发公司组成了一个合资公司，他们将决定谁能开发陆家嘴的那片土地。

我们立即赶到浦东，到那儿察看了一个已经废弃的旧船坞。那里只有几架造船的起重机、成吨的锈铁和煤堆，我却看到了这里的前景和发展潜力。一天半之内，我们就签署协议，买下了这块地。之后，我们在黄浦江边建起了浦东香格里拉。

1998 年，我参加波特曼酒店的开业仪式（香格里拉受美国国际集团之邀担任管理），被安排入住酒店高层的一个套间。我记得我打开窗户，俯瞰南京西路。我看到路的斜对面，一排又一排矮小破旧的楼房拥挤在一大片黄金地段上，好像在等待着城市重建。

我们用极快的速度买下了拆迁后的那块土地，支付了高昂的价格，建成了上海静安嘉里中心。之后，我们在相邻的一片 3 公顷大的土地上兴建了嘉里中心二期，包括静安香格里拉，它成了上海地标性的建筑。

1997 年，建设中的上海浦东香格里拉。
对页图：2021 年，上海浦东香格里拉。

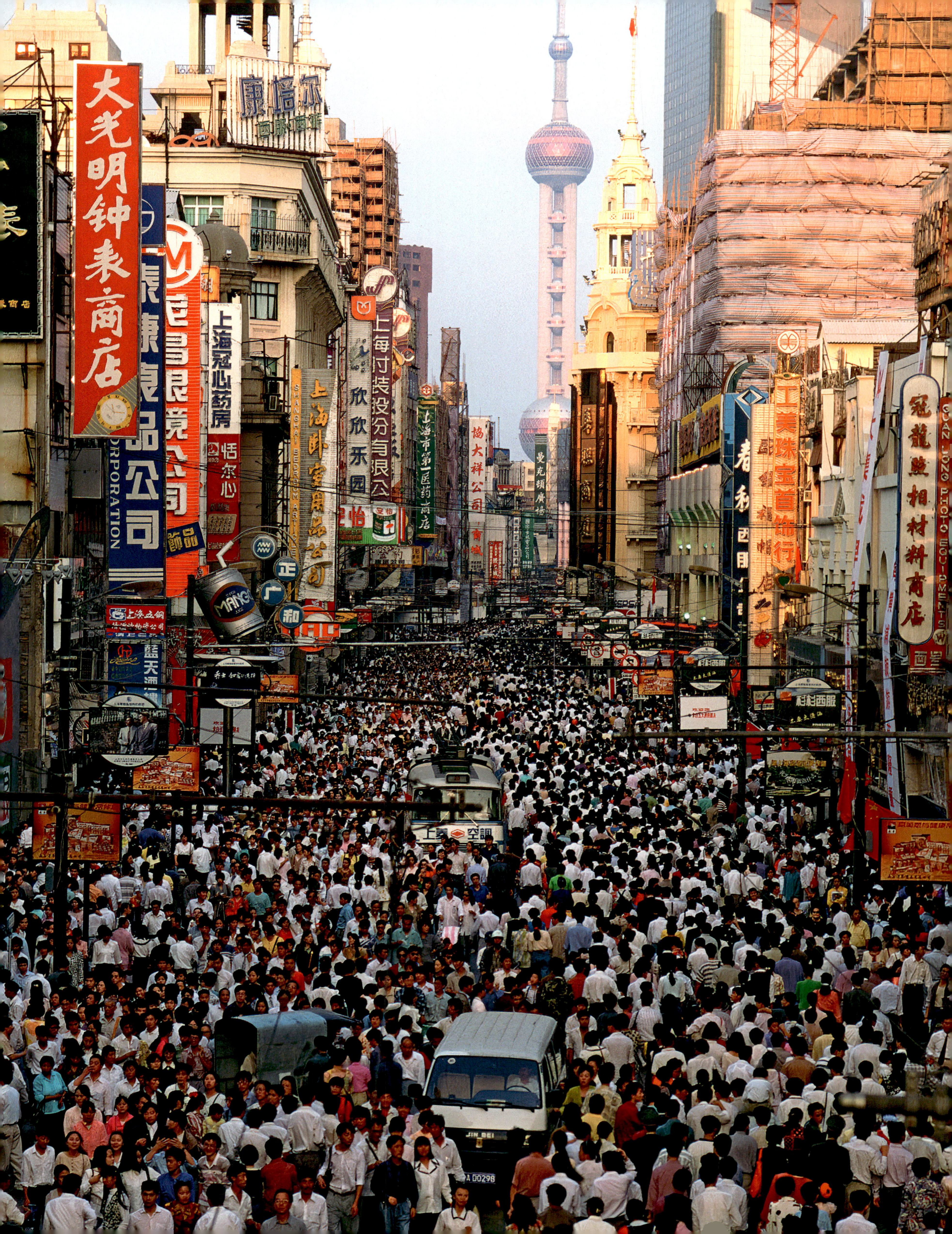
大光明钟表商店
上海冠心药房
上海市第一医药商店
协大祥公司
工美珠宝首饰行
冠龙照相材料商店
GUAN LONG PHOTO EQUIPMENTS
MANGO
空调

作为世界上最大最繁华的金融区之一，浦东陆家嘴拥有最具辨识度的城市天际线。
对页图：1995 年，上海南京东路上欢度国庆的人潮。当时，这座城市正处于重大的发展变革之中。

从心里做出来的待客之道

1951 年，我带着我的母亲去英国度假——因为我的母亲一生很不容易，我想带她多去看看外面的世界。那一年，母亲刚刚过了 50 岁，我才二十多岁。现在我还清楚记得我们房间的样子，里面有什么设备，酒店管理的风格是什么……那一次英国之旅，我一直在想，为什么我们亚洲在近两三百年逐渐落后，而西方国家却能够如此发达?我的答案是，因为他们在近代走上了工业化道路。我发现，他们连旅游业也采取了工业化的管理方式。

在我看来，最初的饭店生意其实很简单，让一整天都在赶路的人们看到一盏灯光，为风尘仆仆的客人提供一餐饭、一张床，可以睡一个安稳觉。因为这样一个朴实的初心，香格里拉的酒店设计和装修会做得很体面，达到五星级标准，但它们绝不过分矫揉造作或太过花哨。我认为香格里拉做得恰到好处。

香格里拉有什么特别的地方?经常有人问我这个问题。从一开始，我就说："我们必须按次序做好三件事：照顾好我们的员工、照顾好我们的客人、照顾好我们的股东。"作为酒店业主，我们要善待员工，鼓励他们用心地服务客人。如果我们能做好这一点，就会赢得客人们的青睐，做出好的业绩，然后为股东提供回报。

新加坡香格里拉刚开业的时候，建得非常漂亮，真是一个世外桃源的环境，欧洲客人比较多。有一次，我的女儿惠光跑到游泳池边玩耍，瑞士籍的总经理过来赶他们走。于是我和总经理讲："不是因为他们是我的孩子，我才来批评你。就算是新加坡普通老百姓的孩子，你赶他们走，也是不对的。如果你继续这样，你是没有前途的。"

香格里拉的待客之道和中国人的传统是分不开的。在我童年的时候，家里没什么钱，但一有朋友来，我的母亲就赶快拿出两三个鸡蛋、晒干的小虾，做很香的饭菜来招待他们。即便我们自己家没什么吃的，她对别人也总是很慷慨。所以，亚洲人爱护朋友和接待客人都是从心里做出来的。

对页图：1991 年，郭鹤年参加香港港岛香格里拉开业典礼和舞狮仪式。

“香格里拉的待客之道和中国人的传统是分不开的。在我童年的时候，家里没什么钱，但一有朋友来，我的母亲就赶快拿出两三个鸡蛋、晒干的小虾，做很香的饭菜来招待他们。即便我们自己家没什么吃的，她对别人也总是很慷慨。所以，亚洲人爱护朋友和接待客人都是从心里做出来的。”

郭鹤年

对页图：50 年来，新加坡香格里拉一如既往地欢迎客人们来到这片城市绿洲。亚洲式待客之道是香格里拉成功的基石。

走过一个世纪

我是1923年生人，出生在马来西亚的柔佛新山。我在新山生活的头15年，真正体会到了“穷”这个字的含义。我们这个小镇有大概七八千人，华人占了大半。他们每天辛苦地工作12小时，甚至都不止。但连续几个月，店主都关门了，因为没有生意。我当时就意识到，假如这样下去是没有什么希望的。

寻找希望一直是我的动力，我幸运地完成了教育，1939年从新山英文书院毕业。我当时只会英文，但是，日本侵略激起了我的爱国心，我就想一定要学中文母语。所以，从1940年1月开始，高中毕业后的第一天，我就去华文学校学中文。我当时16岁，在那里，我只能从小学三年级开始学起。每张桌子配上两张连接在一起的椅子，能坐两个学生，而我的同桌年龄只有我的一半大。他很羡慕地看着我，满口乳牙。那时的校园生活是我学习生涯中最美好的时光，我第一次感受到快乐。在那里没有殖民主义的气息，也没有卑躬屈膝的感觉。

1941年5月，我进入新加坡莱佛士学院就读。这6个月的时光虽然短暂，但给我的一生都留下了非常愉快的回忆。我也在此结识了后来成为马来西亚和新加坡领袖人物的同学。李光耀先生和我同岁，在校的时候他就广受信赖，这是他与生俱来的一种气质。

李光耀和我是好朋友。他曾告诉我说：“如果一个城市有香格里拉，我就愿意去拜访。香格里拉的服务，让我感觉虽然离开了家，但就像回家一样。”李光耀先生不会讲虚话，这就是他对香格里拉的感受。

我的一生中最崇拜两个人，一位是我的先母郑格如女士。母亲对我们兄弟三人影响巨大。母亲出生于福州，家境殷实。自小受到儒家思想教育，她对我们兄弟的教诲有三个原则：忠诚，感恩，永远不要吹嘘。母亲通过她的一言一行，以身作则，在我们心里打下了牢固的基础，让我知道要常怀谦卑之心，保持低调。

还有一位是邓小平先生。中国人才辈出，而当中的佼佼者就是邓小平，他的远见卓识在今天的中国已经实现。我很荣幸在人民大会堂见过他。我们都是有福气的人，我们生活的时代可能是几代中国人都没有经历过的历史大变革时代。

回想起来，我一直心存感恩，感激帮助过我们的很多人。人要利用机会，但不要只图自己的享受，而要看社会的发展，给子孙一个交代，给他们一个榜样。做生意也好，养一家人也好，都要恪守道德，用最好的德行来约束自己。

对页图：1935年，郭鹤年（右）与二哥郭鹤龄（左）、大哥郭鹤举和母亲郑格如。
母亲对兄弟三人的成长影响巨大，教导他们常怀谦卑之心。

Singapore
新加坡

探索新加坡

新加坡处处散发着光芒。这里的机场像一个超乎想象的室内热带天堂，摩天大楼充满魔幻的未来感，还有波光粼粼的港湾和海滩，初来乍到，你便会被这座容光焕发的城邦之国所惊艳。这些都是你来之前的想象吗?不完全是吧。无论你是初访者还是常客，你都会有这种感觉。自 1965 年独立后，新加坡给人的主要印象是世界上发展最迅速的国家之一，从一片沼泽地向一个集商业、创新、高度文明于一体的东南亚中心加速转型。

透过新加坡超现代化和高效规划的外表，你会在这个名为“狮城”的地方感受到意想不到的惊喜：无处不在的开放精神让这座城市展现迷人的魅力。新加坡作为贸易中转站的历史使其长期成为多元文化的聚集地，来自亚洲和其他地区的人们因追求新的生活和梦想而移居到这座岛上。新加坡的开国总理李光耀曾形容这是国家的财富，包容性已成为新加坡社会发展的基石，让这个自然资源匮乏的国家拥有了多元的人文资源。如今，560 万人口的新加坡浓缩了娘惹文化，以及马来西亚、中国、印度和其他东南亚地区的传统，展现出鲜明的多民族大融合特征。

在新加坡多民族聚集区，你能强烈感受到这是一座文化大熔炉，其他任何地方都无法与之相比。钻进“小印度”狭窄的巷子前，你可以先来一杯印度拉茶——一种茶水拉得越长、起泡越多的饮料。漫步于此，满是香料店、鲜艳的壁画，还有保存完好的印度寺庙，比如维拉玛卡里雅曼兴都庙，外墙嵌满了小神像。而在牛车水，人声鼎沸，街市上充斥着各种语言的砍价声。但后面也藏着闹中取静的地方，比如天福宫，一座建于 1840 年的华丽建筑，中国人信奉的海神妈祖供奉于此。离这儿不远处是甘榜格南，长期以来一直是新加坡穆斯林裔的文化中心，近些年又成了时尚中心。在哈芝巷，你会发现传统清真寺旁五颜六色的店铺林立，精品时装店隐藏其间。随着时间流淌，你会渐渐领会到新加坡令人愉快的一个原因：一下午的悠闲漫步，感觉就像环游了整个亚洲。

这里的每一餐都是一种享受。在新加坡，吃饭就像笃信一种宗教或参加一项运动一样美妙。踏入任何一家小贩中心就此开启探索之旅。小贩中心是一种露天的美食广场，无论是银行家还是出租车司机，他们都爱来这里。是该排队来份咖喱鱼头配烙饼，还是该尝尝辣椒蟹?此时此刻，你深刻体会到闽南语

“Kiasu”（害怕错过任何机会）的意思，这是胸怀抱负的小国家的生活写照。如今，新一代“小贩”成了小贩中心的主角，他们在现代化的门店以创新手法烹制经典美食。这是代表新加坡的新变革，还是对传统的新挑战?也许，当你像本地人一样热衷于讨论这个话题的时候，你也就越发认识了美食在文化中的重要角色。

整个新加坡都充满了十足的干劲，就像这里的生活一样，不断突破你的想象。这座美妙城市的夜生活，也许是在有着殖民特色的克拉码头步行街上品尝一杯精调鸡尾酒，或是游览新加坡夜间野生动物园，还可以到新加坡滨海湾花园逛一逛，标志性的云雾林——一个由云中步道和世界上最大的室内瀑布组成的自然奇观是这个绿色空间中的亮点。然而，身处这座城市时，你所观察到的那些奇特的出乎意料的细节，往往能给人留下最深刻的印象。等待过马路时，你会看到一家海獭在你身边快步经过；夕阳西下时，你会看到人们在滨海堤坝绿色屋顶上放风筝的身影；四处闲逛时，你可以发现许多令人赞叹的被绿植包裹着的高楼大厦和屋顶露台，它们正提醒着你这里被称为“亚洲最绿色的城市”的原因。

尽管新加坡国土面积小、人口密集，但这里除了光彩夺目的城市之外，大自然也美得出奇。离开新加坡主岛，从圣淘沙的美丽海滩到科尼岛的迷人小径，都值得一探究竟。这里最适合自行车骑游，你可以邂逅织布鸟等本土鸟类，也可以在安静的小道上发现长尾猕猴奔跑的身影。乘坐传统的邦姆船来到乌敏岛，可以完全远离城市的喧嚣，这里曾经因盛产花岗岩而出名，可以感受到几十年前新加坡的样子：沼泽湿地，红树林环绕的湖泊，老旧的铁皮房，等等。当你回望新加坡的变迁之路时，你会更加折服于这里现在的模样。

第 54–55 页图：温美玉，摄于新加坡土生华人协会主席徐维德（Colin Chee）的家中。

温美玉
一生的盛筵

温美玉 (Violet Oon) 自 1988 年起担任新加坡美食大使。作为厨师、餐厅主理人和作家，她积极投身于新加坡美食文化的推广传播。

SF
7318

变迁中的家园

1949 年，我出生在新加坡，当时还处在殖民地时期。我小时候在市中心的莱佛士坊附近生活，去国泰戏院看电影，然后跟着妈妈去乌节路的 Cold Storage 超市购物——典型的新加坡中产阶级成长轨迹。1965 年新加坡独立时，这里已发展成为一座美轮美奂的城市：在我看来，它可谓东方的一颗宝石。直至今日，新加坡一直被称为“亚洲四小龙”之一——几乎每十年，这座城市都会展现新的风貌，一个小国家渴望成为亚洲及世界发展宏图的一部分。

我在加东长大，非常庆幸今日的加东依然还是我小时候的样子。我儿时的家还在原来的地方，被那些我从小就熟悉的房子环绕着：那都是些“二战”前建起的古朴式连排平房。以前，我的姑妈住在一家咖啡店楼上，做手工珠绣鞋（Kasut Manek），在我们的娘惹文化中非常有名，那家咖啡店至今还在。如今，我仍喜欢到加东逛逛，带朋友去我成长的地方看看新加坡的老城区。在千变万化的世界中，这里就像我心中永恒的精神寄托。

有些人会觉得，变化令人不安，可我不这样认为。改变总是让我兴奋。我认为一种文化要保留下来并且保持生命力，就需要在接受新事物的同时摒弃一些旧事物。我同样相信，人也需要每五年就进行一次自我重塑。重塑你的事业、你的生活和你思考问题的方式，这一切都是很有必要的。如果你不去学习新的东西，这就意味着你没有与时俱进。

在我看来，新加坡就是一个快节奏、不断变化、面向未来的地方，但新加坡永远还是新加坡。

对页图：1968 年，女士们行走在新加坡的街道上，那时候的新加坡已是一座美轮美奂的城市。

加东传统土生华人店屋，在这里你可一瞥新加坡老城区的样貌。
对页图：一位女士正在制作传统珠绣。

意料之外的美食人生

我不是有意识地在规划自己的经历，它是一个顺其自然的历程。如今我 74 岁了，回顾这一路走来，我的经历跟随了新加坡这个国家自我革新的过程。我最初是记者、艺术与音乐评论员，后来成为美食家，再后来成了被人们所熟知的厨师。

我这一代人是幸运的，因为在国家独立后的那些年出现了很多机会。1971 年，大学毕业 6 个月后，我阴差阳错地踏入记者行业。有一天，《新国家午报》（*The New Nation*）（现已停刊）的编辑对我说："我觉得你应该成为我们的音乐与艺术评论员。"这就是我职业生涯的起步。我很快发现自己喜欢做记者，因为这个职业能让你对世界充满好奇，问很多你在平时与人交往时不会提及的问题。

几年后的一天，美食专栏创立，编辑建议我来接手，因为我热衷于厨艺。从此，美食成了我职业生涯的重心。从《新国家午报》（*The New Nation*）到《星期日时报》（*The Sunday Times*），再到《新加坡箴言报》（*The Singapore Monitor*），然后我创立了自己的刊物《美食报》（*The Food Paper*）。但我和美食的关系要追溯到很久之前。我和很多新加坡人一样，对美食有着深厚感情，就像谈恋爱一般。

每个家庭的故事往往与美食密不可分，这是因为食物不但带给你滋养，也带给你生命能量。虽然我的母亲是一位职业女性，从不做饭，但我的姑妈们会做。因为她们，我与美食结下了缘分。她们烹饪的娘惹菜，是一种完美融合了中国和马来风味的菜系，我喜欢称它为"东方与东方的交融"。我始终记得年轻时候吃过的菜肴，比如黑果焖鸡，这是一种把鸡肉与黑果一起焖煮收汁的佳肴；再如娘惹卤肉，这是一种将炖肉与豆瓣酱一起烹煮的美味。在我 12 岁的时候，全家搬到伦敦住了一年，当时我最想念的就是这些美食。我坐在床上，炒粿条的声响仿佛在我脑海中回荡。正是因为对食物的想念，才使我在 14 岁时决定回到新加坡。

当初学习烹饪时，我也没想过要把它变为职业，当时我只想着这些食谱千万不能失传。没想到我对美食的热爱会被编辑注意到，并引领我创作美食文章，从而最终走上职业厨师的道路。

对页图：娘惹菜融合了中国风味和马来风味。

舌尖上的新加坡

新加坡能让你感受舌尖上的亚洲。在历史上，这是一个移民国家，它赋予了美食展现多元文化活力的机会，让新加坡焕发出迷人魅力。我们吸收了中国、印度、英国和马来西亚的影响，还包括如今印度尼西亚、美国、法国、意大利、韩国和日本的影响，让美食呈现出多种族、多维度的风格。在这个界限分明的世界，新加坡美食因其包罗万象而独具吸引力。

小贩中心非常有名，有的在露天，有的在室内。在这里，各式摊位上烹煮着你能想象到的各色美食。但如果你从外地来，我会带你去东海岸人工湖美食村（East Coast Lagoon Food Village）。我们可以品尝现烤的沙嗲串，还有像炒粿条这样的面食，或许还可以来点蚵仔煎和烤海鲜。你的味蕾将沉迷在美食带来的欢愉中。小贩中心还有另一个有趣的背景，它所在的地点是填海造地建起来的，这也是新加坡发展与进化的写照。在其他国家，也许这些地方会被用来建豪宅，但在新加坡，我们用它为人们提供美食体验。

1988 年，新加坡旅游局任命我为美食大使，派我前往美国展示我们的菜肴，使我进一步加深了对新加坡美食的热爱。西雅图、圣地亚哥、芝加哥、旧金山、纽约、洛杉矶……我在三周内跑遍了 9 个城市。当时的美国人对新加坡一无所知，我在底特律的电视节目上展示香辣蟹的制作，这使我感到自豪。最重要的是，见识到了其他风格的美食之后，我更加有信心把新加坡菜肴带到全世界。

美国之行的几年后，我逐渐开始了餐厅经营。我当时给一家计划在新加坡开设分店的高岛屋百货连锁店做顾问。其中一家餐厅撤出了这个项目，他们问我："为何你不来试试？"我就这样开设了自己的餐厅。之后我凭借 Shepherd's Pie 和一些娘惹菜品有了一定的名声。我意识到，用文字和用烹饪来表达自己有很多相似之处：皆是分享与探索，都发自我的内心。

后来的几年中，我开了多家餐厅，专注于推广娘惹美食，但这些餐厅都没能成功。我从中总结出：一个有创意的人其实并不适合经营生意，因为你太想把事情做到极致了，至少我就是这样。我的追求一直是将新加坡美食延续、创新并发扬光大。近些年，我重返餐饮业，与别人合伙经营着三间餐厅，主打娘惹菜品和新加坡风味。在这之前，我曾回归顾问的角色，和新加坡旅游局一起在全世界做推广。这是一份既令人兴奋又倍感压力的工作，我需要绞尽脑汁去想，怎样以最佳的方式展现我的国家。

对页左上图：正在制作椰子粉的摊贩。对页右上图：娘惹美食的常用食材。对页下图：街边榴莲摊。

MING ENG.

7TH HEAVEN
BBQ CHICKEN
BEST SATAY
7
BEST SATAY
7
BBQ SEAFOOD
BOON TAT STREET
BOOKLETS
KOREAN-TAIWAN TV

一家人在新加坡唐人街聚餐。
对页图：人们在老巴刹小贩中心品尝美食，这是新加坡市中心的一栋历史建筑。

MICHELIN
Singapore
The MICHELIN Guide
2016

“新加坡能让你感受舌尖上的亚洲。在历史上这是一个移民国家，它赋予了美食展现多元文化活力的机会，让新加坡焕发出迷人魅力。我们吸收了中国、印度、英国和马来西亚的影响，还包括如今印度尼西亚、美国、法国、意大利、韩国和日本的影响，让美食呈现出多种族、多维度的风格。在这个界限分明的世界，新加坡美食因其包罗万象而独具吸引力。”

温美玉

对页图：首届《新加坡米其林指南》颁奖典礼。因多元美食文化而闻名的新加坡，正式加入了《米其林指南》的行列。

沉浸式冒险

我一直认为对于那些没有太多时间的旅行者来说，新加坡是个绝佳的目的地。从飞机降落在机场开始，你在一两天内就能游览和感受很多东西。星耀樟宜的设计据说来源于一个有关新加坡的玩笑——这里太热了，最好给整个岛都装上空调。因此，我们在穹顶之下打造出一个完整的自然生态系统。在我看来，它是人们在这片土地上把梦想与愿景变为现实的一座丰碑。

如果我有机会带你逛逛这个城市，我会开车带你兜风，穿过居民区，在那里你可以发现一些不可思议的房子。但我想让你看到的是，即使价值上亿新币的豪宅也没有门卫或护栏。那些对我们来说都是多余的。

从这儿可以去往圣淘沙，一个纯粹为游乐而再造的岛屿。那里有海滩，还有环球影城，是一个真正的奇妙世界。有一个关于新加坡的传闻，说在这里的规范特别多，甚至在圣淘沙，我们连玩乐都要被规范。在某种程度上这也许是事实，但这里真的好玩。

你还需要看一看新加坡老城的样子，像“小印度”里有许多香料店，甘榜格南则有新加坡最后一座皇家宫殿。 在城市的转型中 ，这些都被完好地保存了下来 。牛车水也是必打卡之地，和美国的唐人街不一样，我们这里的唐人街大部分移民来自中国南方。有趣的是，牛车水里有一条登婆街，那儿竟有一座印度庙，摩士街上建有一座马来西亚清真寺。在这些富有魅力的街道上漫步，会让你感受到我们文化的多样性和包容性。

最后，我会带你去樟宜，一个真正的村子，那里有海边的度假屋、高尔夫俱乐部和樟宜海滩俱乐部，感觉非常惬意。从这里开车 30 分钟可以到达实里达航空园区 ，它的前身是空军基地，现在这里既是一个为私人飞机及通用航空提供服务的机场，也是一处餐厅林立的休闲胜地。

听上去有好多可逛的地方，但其实仅需一两天就够了。新加坡虽是一个被精心规划的国家，但也实现了有机发展。之所以世界上最好的酒吧、米其林餐厅云集在此，日本、英国、美国等很多地方的厨师都来到新加坡开设餐厅，是因为这里的环境很理想，厨师们可以实验不同的菜系。

新加坡是一个拥有多元民族的包罗万象的国家。对页图：来自不同文化的杂技演员参加庆祝中国新年的游行表演。
第 70–71 页图：一群人在新加坡唐人街下象棋。

CHINAT

OWN
VISITOR
CENTRE
车水游客询问中心
i

我的香格里拉时刻：初心不变

我对 1971 年香格里拉酒店的开业记忆犹新。这真是一座“香格里拉”——城市绿洲中的度假胜地，每个人都向往不已。早年有许多来自马来西亚的巴士观光团，一些小城市来的游客只为到酒店的大堂里走一走。一直让我印象深刻的是香格里拉的创始人郭鹤年先生很乐意接纳这样的观光团。我记得他说过，永远不要把到访你家的客人拒之门外。

这就是亚洲式待客之道的精髓。总要多做一点，总是敞开欢迎的怀抱，以客人为先。我们不喜欢“顾客”这个词——我们称为“客人”。对于一个多年从事服务业的人来说，我认为是香格里拉把度假酒店这种理念带到了酒店行业。

于我而言，我的“香格里拉时刻”有两个：一个是当我的 6 个孙子围着我，在卧室一起睡觉的时候；另一个是在过去的一年里我学会了知足常乐。当你试着和自己成为朋友，任何事都可以放得下。

第 72–73 页图：“大宝森节”（Thaipusam）是印度教信徒们祈福、还愿与感恩的传统节日。
对页图：一家人在新加坡星耀樟宜的室内花园里休憩。

李小冬
连线东南亚

李小冬是全球消费互联网公司 Sea 的创始人，他给新加坡的商业面貌带来了革新性的改变。Sea 的业务包括 Garena、Shopee 和 SeaMoney。Garena 是备受欢迎的在线游戏发行商和开发商。Shopee 是东南亚最大的区域性电商平台，并逐渐在拉美扩大影响力。SeaMoney 是东南亚领先的数字支付和金融服务提供商。

第一印象

搬到新加坡对我来说是一个近乎冒险的决定。2005 年，我踏上这片土地时，正值新加坡国庆 40 周年。当时我在这儿没有任何家人和很熟的朋友，只是大概知道这是个很热的地方。事实的确如此，但远不止这些。

为什么来这儿?其实理由很简单，且与我创业的梦想没有任何关系。我当时的女朋友，也就是现在的太太结束了在美国的学习后回到了新加坡，而我只是单纯地想和她在一起。所以我便遵从自己的内心，追随爱人来到了这里。

和很多人一样，新加坡留给我的第一印象非常现代化，令人印象深刻。所有崭新的高楼在阳光下闪耀，这里的一切都精心规划、井然有序、整洁无瑕。同时，你还能闻到历史的气息。当你步入唐人街或小印度，好像真的在这些国度度过了一整天。

那时候，我记得自己时常惊叹，觉得这就是一座城市该有的样子。我曾生活在中国——那是我出生的地方，还有美国——那是我在斯坦福大学读书的地方。我去过不少城市，但不知为何，偏偏是新加坡完全符合我想象中的城市的样子，而且它真实存在。你在这里可以感受到人与人之间的信任感。我相信，如果其他城市在规划和景观方面也能够做到这样，那么世界会变得更加美好。

对页图：新加坡历史悠久的驳船码头，现代的摩天大楼与传统的店屋交相辉映。

一切皆有可能

我常开玩笑说，如果企业家或风险投资人把新加坡作为一个商业项目来开发，他们即便再大胆也不会预测到新加坡今天的样子，如此有活力，如此成功。这是一个从无到有建设起来的国家和社会——并没有天然资源，全靠人的勤劳和智慧。

如果你想了解新加坡改变与快速成长的历程，了解她如何成为亚洲转型的重要一环，你只需要到美芝路（Beach Road）去走走看看。每个人都知道这个地方，在那里你将体会到置身于市中心，被密集的高楼大厦环绕的那种都市感。这条路之所以被叫作“ Beach Road”，是因为在填海造地之前，这里曾是海滩，当时城市的尽头，是人们的梦想、抱负和付出让这一切变成可能。

从这个意义上来说，我认为新加坡精神就是创业精神。但当初来到这里时，如果我说我想创业，别人会认为我是个疯子，这个想法一点都不酷，并且不是常见的职业路径。我在新加坡创业的经历也被认为有点反直觉。那个时候，每个人都在谈论中国的崛起和机遇。人们问我为什么没有回中国?为什么不留在硅谷?然而转瞬间，今天的新加坡和东南亚已成为全球创业和科技的热点，而我的经历正是这一演变的真实写照。

对页图：2015 年，正在建设中的美芝路。这里从海滩变为都市中心。
第 82–83 页图：一群年轻人在新加坡乌节门 JEN 酒店前的滑板公园玩轮滑。

HOTEL JEN
BLACKBANNERS

创业再出发

2009 年，我在麦士威路上的一间门面房里成立了 Garena 游戏公司。这是一幢始建于 20 世纪 20 年代的建筑，我选这里是因为我对新加坡历史的喜爱，让我在尝试做一些创新事情的时候，同时能感受到与历史的联系。

街对面的麦士威路小贩中心是新加坡最出名的美食据点之一，这里总是挤满了人，享用炸虾饼、本地香肠、鱼饼等街边小吃，这些都是非常有新加坡特色的场景。这里有家名叫“天天海南鸡饭”的店铺，海南鸡饭是新加坡的代表性美食。我并不知道最出名、最受欢迎的海南鸡饭就在我的第一间办公室对面。每天你都能看到店外排起长龙，许多游客慕名而来，渴望一品究竟。很多时候，我也会在此排队等候，不夸张地说，海南鸡饭简直是我创业初期的能量来源。

创业开始的那几年挑战非常大。当时这里没有足够适合初创企业发展的土壤，融资圈子也有限。为此我接触了硅谷和中国的投资人，然而得到的回复都是差不多的：听上去不错，但我们还有别的事要做。投资东南亚市场在当时是一种新奇的想法，招聘人才也很困难，我们去大学把学生拉到我们的办公室，试图劝说他们加入。但那时候的大学生们更愿意到传统银行的 IT 部门工作。

但我看到一种强大且特殊的游戏文化已在新加坡和东南亚孕育起来，与美国和欧洲这样的发达市场相比，它在人们的生活中所扮演的角色甚至更大。原因很简单，人们可负担得起且易获得的娱乐项目少之又少。当我走在街上，或是在周边旅行的时候，我发现网吧是人们常去的地方，这在创业初期给了我很多信心。随后，智能手机的快速普及让我的信心更足了。

2010 年，我们发布“英雄联盟”游戏，开通服务器后开始有入账，这让我意识到我的设想是对的。我哭了。我对自己说：经过所有的努力，我们终于看到了希望。2014 年，我们的游戏业务扭亏为盈，在那间两层楼的办公室里实现了大约 3000 万美元的毛利。2017 年，我们在美国上市，引起了全球投资圈的很多关注。我们成了整个东南亚市场的明星公司，投资人们期望能投到下一个 Sea，大学生们也表示愿意在初创企业工作。

随着时间的推移，我愈发觉得事业带来的满足感和成就感并非源自数字增长，而在于每一天能多大程度上使他人受益。这引导着我们创立了电商平台 Shopee。在某种意义上，你可以说我希望帮助有抱负的创业者，就像曾经的我那样。如果他们成功了，那我们也同样获得了成功——这便是这个平台的创办精神。

我见证了许多创业者的成功。他们其中有很多只是夫妻公司，把家里用作仓库。我拜访过这样的家庭，他们家中堆满了售卖的商品：衣服、包包，应有尽有。但当他们在 Shopee 上开店，一年后，我再次见到他们的时候，他们的生意扩大了 100 倍，有的甚至更多，以至于需要雇用其他人来做打包、财务、客服的工作，因为家中已堆放不下货品，他们需要租用专业的仓库。我们真正成了整个生态系统的推动者，这让我由衷地感到高兴。

第 86–87 页图：LaunchPad@one-north 的午餐时间，这是一个为初创企业、孵化项目和风险投资公司提供创新平台的社区。

Royal Jamaican
GINGER BEER
BREWDOG
STONE BREWING
MARSTON'S
LITTLE CREATURES
Bitburger
Heineken
WARSTEINER
BOTTLE SHOP
GRAB ICE HERE

IGNITING LIVE
MUSIC
TRAY RETURN
MORE SEATS

“这里有家名叫‘天天海南鸡饭’的店铺，海南鸡饭是新加坡的代表性美食。我并不知道最出名、最受欢迎的海南鸡饭就在我的第一间办公室对面。每天你都能看到店外排起长龙，许多游客慕名而来，渴望一品究竟。很多时候，我也会在此排队等候，不夸张地说，海南鸡饭简直是我创业初期的能量来源。”

李小冬

对页图：美食爱好者在麦士威路美食中心享用海南鸡饭。

天天海南雞飯
TIAN TIAN HAINANESE CHICKEN RICE
PLEASE COLLECT YOUR FOOD HERE
Find us on

都市丛林

如果要我推荐新加坡的景点，那必定是新加坡植物园，这是我的最爱之一。这里苍翠繁茂，修剪精致，是唯一一座被联合国教科文组织列为世界遗产的热带花园。对我而言，它象征着新加坡的愿景。对人们来说，有个空间可以逃离都市是多么重要，所以人们才不惜在这块可用作商业的土地上建造了这座世外桃源。休息日里，当我拥有独处的时间，我喜欢在这里跑步——这是我锻炼身体、焕发活力、开启全新一天的理想方式。

让我情有独钟的是这座大花园里有个名叫“国家胡姬花园”的地方。这里展示着各式各样令人赞叹的胡姬花，品种成千上万，它是新加坡的国花。当有贵宾远道而来，这里的传统是要献上胡姬花作为欢迎礼。身处这里，你不仅可以观赏美丽多姿的花朵，还能了解新加坡的历史与文化。

另一个我喜欢的地方是新加坡动物园。我有许多游历甚广的朋友，但每个被我带到这里来的人都不禁感到惊奇，不断赞叹新加坡动物园也许是世界上最好的动物园。我经常来，这里有表演，还可以跟动物互动，真是太有意思了。

对页图：一群小朋友在探索新加坡植物园。

在新加坡裕廊飞禽公园，一位管理员正在喂食。这里曾是亚洲最大的鸟类天堂，于 2023 年 1 月搬迁。
对页图：孩子们在新加坡动物园与大象互动玩耍。

我的香格里拉时刻：令人向往

我觉得香格里拉酒店就像我的第二个家。如果要我说是什么令它如此特别，那应该是亚洲特色待客之道中对细节的关注。每一次我入住酒店，客房里都备有欢迎茶，而且是热的。我不知道他们是如何做到如此面面俱到的，但我认为，就是这样微小的细节成就了这家公司 50 年的发展。这是了不起的成绩。我现在无法想象我的公司在 50 年后会是什么样子。

我的“香格里拉时刻”，或许是一个我在办公室里的日子，最好是周六或周日的早上，只有我一个人在这里。它与平日迥然不同，一个特别安静，适合沉思的时刻；一个属于你，且只属于你的时刻。

对页图：新加坡香格里拉为客人打造家外之家的体验。

Hong Kong
香港

探索香港

了解香港不是一朝一夕的事情。无论是行走在人头攒动的街道，或是坐上车流中穿梭的双层电车向窗外张望，抑或是搭乘天星小轮穿过维多利亚港波光粼粼的水面，你都会情不自禁地去欣赏眼前的一切。在这里，世界上最密集的摩天大楼在群山环抱中高耸入云。香港已成为亚洲最国际化的城市之一，一座垂直立体化发展的世界级大都市，令人心驰神往。

然而，当你注意到这里修建高层建筑时，还沿用着流传数千年的中国传统方法——将竹子搭成脚手架，你才更清楚地意识到香港与众不同的城市特质和精神。兼收并蓄、对立共存、纷繁喧嚣、浮华梦幻、怀旧追昔，总是以令人难以捉摸的方式不断变化着：这就是香港。你以为已读懂了这座城，它却展现出不为人知的另一面。

1997 年，香港回归中国，这座城一直以其多元文化的魅力而著称：在这里，你可以在豪华的酒店大堂享用下午茶，也可以在路边摊品尝地道的咖喱鱼丸，随处可听到粤语夹杂着英式英语，东西方文化就这样融合在一起。香港经历过时代的变迁：从一个渔村发展成为一个主要港口，后来又从一个制造业高地转变成国际金融中心。如今，现代化的香港已然成为企业家和专业精英的沃土及创新先锋们的灵感之源。香港的生活节奏快到令人头晕目眩，这就是香港的速度，能让你在这里找到梦想中的一切。

在 SOHO 这样的街区，你可以乘坐中环半山自动扶梯——全球最长的户外有盖行人扶手电梯，从而获得电影画面般的体验。当你看到远处的美甲沙龙、按摩店、时装店和画廊渐渐模糊、融为一体时，你已经开始领略了构成香港独特魅力的不同元素。当然，这里还有很多事物有待你去发现，而且它们会不断地涌现。离这不远处的 PMQ 元创方——一座由 20 世纪 50 年代工业建筑群改建而成的艺术文化空间——是本地时尚潮流的集散地之一，展现着这座城市的创新性。位于新界的荃湾同样反映了这种再造精神。原先的南丰纱厂摇身一变，成为集体验式零售、文化中心和创意培育基地于一身的一站式空间。过海来到九龙你将踏入城市完全不同的另一面，到处都是像深水埗和油麻地这样有着地道老派香港风格的地方，漫步街市一下午后，可在标志性的露天大排档享用晚餐，这里还保留着香港多姿多彩的饮食图景。

香港的未来会怎样?每次来到这里，你可能都会思考这个问题。而这个问题也萦绕在香港人脑海里数十年，这座城市在历史的巨变中不断改变与重塑，但仍然保留着它的传统，这已然成为香港基因的一部分。随着高铁和长达 55 公里的港珠澳大桥连接内地，如今的香港展现出城市转型进程中的活力。曾经的岛屿城市，现在已置身于粤港澳大湾区的版图中，一个包含广州和深圳，由高铁相连的珠三角九城高科技经济圈。当这个模式成型，接下来会发生什么呢?对于香港，未来的一切皆有可能。

你最终被香港所震撼的或许不是它令人兴奋的都市氛围，而是距离市中心仅半小时路程就能饱览的自然风光。一路徒步到龙脊，顺着苍茂的山脊线步行 8 公里，海滩和小渔村的壮观景致便尽收眼底，甚至还能在城市的边缘线看见渔民的棚屋和停泊的渔船。海湾的周围分布着大大小小的岛屿——长洲岛、南丫岛、桥咀洲——每座岛屿都有着与众不同的风貌，无须远行，你就能远离城市的喧嚣。想了解香港的更多方面，可以乘坐始运于 1888 年的山顶缆车登上太平山顶，你将看到这座城市开阔的美景。在这里，不必仰望天空，而要俯瞰大地，香港所有吸引你的地方将一览无余。

盛智文
梦想造就现实

盛智文 (Allan Zeman) 是一位极具开拓精神的企业家和商业大亨。他在 20 世纪 80 年代初期为香港打造了闻名遐迩的夜生活街区兰桂坊，被誉为“兰桂坊之父”。

狮子山之城

第一次到香港就像踏上月球一样，让我兴奋不已。那是50年前，作为一个加拿大人，19岁的我刚刚涉足时装业。记得那时候的启德机场以极具挑战性而闻名，飞行员必须驾驶飞机从几座摩天大楼中穿过，向右一个急转弯，才能顺利对准跑道降落。如果你把手伸出悬窗，几乎可以摸到挂在晾衣绳上的衣服。当然，现在已完全不同了，但那种精神还在，这是让这座城市充满吸引力的原因之一。

那时候的香港，经常可以看到穿着涤纶短裤、叼着烟斗的外国人和外交官们在街头闲逛，可以看到穿着旗袍的中国女人，穿着类似睡裤的男人在马路上骑着自行车。这简直是个完全不一样的地方，我从来没看到过这么多人。从那时到现在，香港一直是一座令人惊叹的活力之城，沸腾而喧嚣，东西方文化在此完美融合，让这个地方显得如此与众不同。当踏上这片土地时，我就把这儿当家了。直到现在，每一次飞机降落时我依然有一种回家的放松感。

我来香港的原因与很多人一样。这里曾是世界工厂，就像现在的中国大陆一样。我创立了一家名叫"Jump For Charlie"的卫衣公司，从香港出口女式服装到加拿大。第一年我就赚得了100万美元的利润。这就是当时的香港：一切皆有可能！

我认为这些都来自"狮子山精神"，这是一代代香港人不屈不挠的奋斗精神，他们相信通过勤劳和努力，任何事都能实现。这种精神因一座狮子形状的岩石而得名，它俯瞰香港，守护着这座城市。当你移居到这里，花时间了解这里，你会发现人们常常说到狮子山。在香港经历波折时，人们会重提狮子山精神，它已成为文化的一部分。它充满力量又令人神往，推动着香港由一个小渔村逐步蜕变成为国际化的活力大都市，并且激励着这座城市继续前行。

作为一名创业者和商人，在香港，你做事情的速度会非常快，这是其他地方无法企及的。这是这座城市保有的精髓和魅力。前一天的梦想也许第二天就能成真，你甚至可以实现未知的梦想。我年轻时开了时装公司，此后又进入了酒吧和房地产领域，最终运营并参与改造了一个有着历史意义的主题公园。这听起来是一个疯狂的故事，一切都不在计划中，却因为受到香港精神的启发而变为现实。香港有很多这样的故事，真的只有在这里才能实现。

对页图：1996年，一架飞机飞过九龙上空，即将在香港启德机场降落。
第104–105页图：狮子山俯瞰整个城市，守护着香港。

新隆傢俬
OTAFUKU
東方皮鞋公司
PRO-SPECS
TOSHIBA
LASER TX3
GH 8895

“我认为这些都来自‘狮子山精神’，这是一代代香港人不屈不挠的奋斗精神，他们相信通过勤劳和努力，任何事都能实现。这种精神因一座狮子形状的岩石而得名，它俯瞰香港，守护着这座城市。当你移居到这里，花时间了解这里，你会发现人们常常说到狮子山。在香港经历波折时，人们会重提狮子山精神，它已成为文化的一部分。它充满力量又令人神往，推动着香港由一个小渔村逐步蜕变成为国际化的活力大都市，并且激励着这座城市继续前行。”

盛智文

对页图：一位传统食品店店主正在工作，狮子山精神是一代代香港人不屈不挠的奋斗精神。

永恒的维港

每个人来到香港要做的第一件事就是搭乘天星小轮。花上几块钱就能饱览维多利亚港的绝佳风光，也能瞥见香港的过去。就像可以带你到太平山俯瞰城市全景的山顶缆车，天星小轮一直保持着我刚来时的样子。这些在海面上来回穿梭、有着历史传奇色彩的船只仿佛见证了亚洲的发展。

了解 1997 年香港回归中国的历史，你才能完全明白为什么今日的香港会如此引人注目。我对那一天记忆犹新，查尔斯王子发表致辞后，在午夜钟声敲响时乘坐“不列颠尼亚号”皇家邮轮驶离香港。这是举世瞩目的大事件，开启了我们今天的新纪元。

那时的香港有一种紧张的情绪，每个人都在担心将要发生的事，毕竟地区管理权的更替在当今世界极为罕见。没有人喜欢改变，因此当时到处弥漫着“最后的晚餐”一样的氛围。而我却非常期待即将发生的改变，现在亦是如此。当时中国正在发生翻天覆地的变化，向世界开放，促进了香港的繁荣，赋予了它曾经无法想象的拓展机会。此前，香港一直扮演着中间人的角色——中国通向世界的大门和世界进入中国的通道。而今，我们已经成为涵盖 11 座城市的粤港澳大湾区的组成部分，由高铁相连，形成了中国的硅谷。我认为这就是香港的未来。我们本来只有 750 万人口，但现在随着边界的融合，我们已经成为一个拥有 7200 万人口地区的一员。

乘坐天星小轮，你会感受到历史的变迁，感受到真实的香港，感受到香港的过去，还有它的未来。

对页图：20 世纪 90 年代，乘客乘坐天星小轮往返于尖沙咀和中环。

加州之梦

我被当地人称为“兰桂坊之父”的经历非常有意思。如今，这里餐厅与酒吧林立，为香港开创了现代餐饮文化，成了著名的打卡地。但回想起20世纪80年代，当我接手时，这儿只是一条空荡寂静的小街，分布着一栋栋老楼。

在英政府管辖期间，香港大部分餐厅设在酒店里——总是让人觉得拘谨、压抑、不自在。如果你去餐厅的时候没有打领带，服务生会把你带到后区给你一条。我不喜欢这样，我从来不打领带，就连夹式领带我也不愿意用。这个小问题一直困扰着我：我需要一个适合像我这样的生意人谈生意的地方。

后来，我的一名设计师因为思念她在旧金山的男朋友而要搬回美国，我问她："你男朋友是做什么的?"她告诉我他在旧金山开餐厅。当时我灵光一闪，想到了一个一石二鸟的妙计。我既可以留住我的设计师，也可以开一间不用打领带也能光顾的餐厅。因此，我把她的男朋友——后来发现只是个调酒师——带到了香港并开了一家餐厅。我对开餐厅一无所知，但我拥有事在人为的香港精神。

于是，加州餐厅开张了，它成了兰桂坊的开始，也是香港新文化的开端。我之所以把它命名为“加州”，是因为那时候洛杉矶的罗迪欧大道、贝弗利山庄，以及电影明星无人不知。很多中国的明星，比如王菲、成龙，都是加州餐厅的常客，他们都喜欢来这里，就像到洛杉矶一样。我的很多生意也是在这里谈成的。作为一个非正式文化中心，它开创了属于自己的历史。

随着餐厅开业，我开始在它周围购买更多的物业并进行改造。一切都在自然而然地发生。当时纽约有著名的SOHO，我对自己说，为什么香港不能有?很快我开了更多的酒吧和餐厅，那条本来寂静的街道成为当地人和外国人休闲的好去处，35年过去了，它依然保持着活力。如今，我们在香港也有了自己的SOHO，就在兰桂坊旁边并以同样的方式兴起。这块区域经历了不同的发展阶段，比如加州餐厅现已成为加州大厦。作为城市缩影，它还在不断发生新的改变，每一天新旧事物都能在此碰撞出意想不到的火花。

对页图：兰桂坊聚集了各式餐厅与酒吧，街上挤满了人。

SUNG WAH DRAWN WORK CO.
SUNG WAH MING KEE
WHOLESALER & EXPORTER OF ALL KINDS OF EMBROIDERIES
The Best Hamburgers in Town!
The Best Hamburgers in Town!
Storm

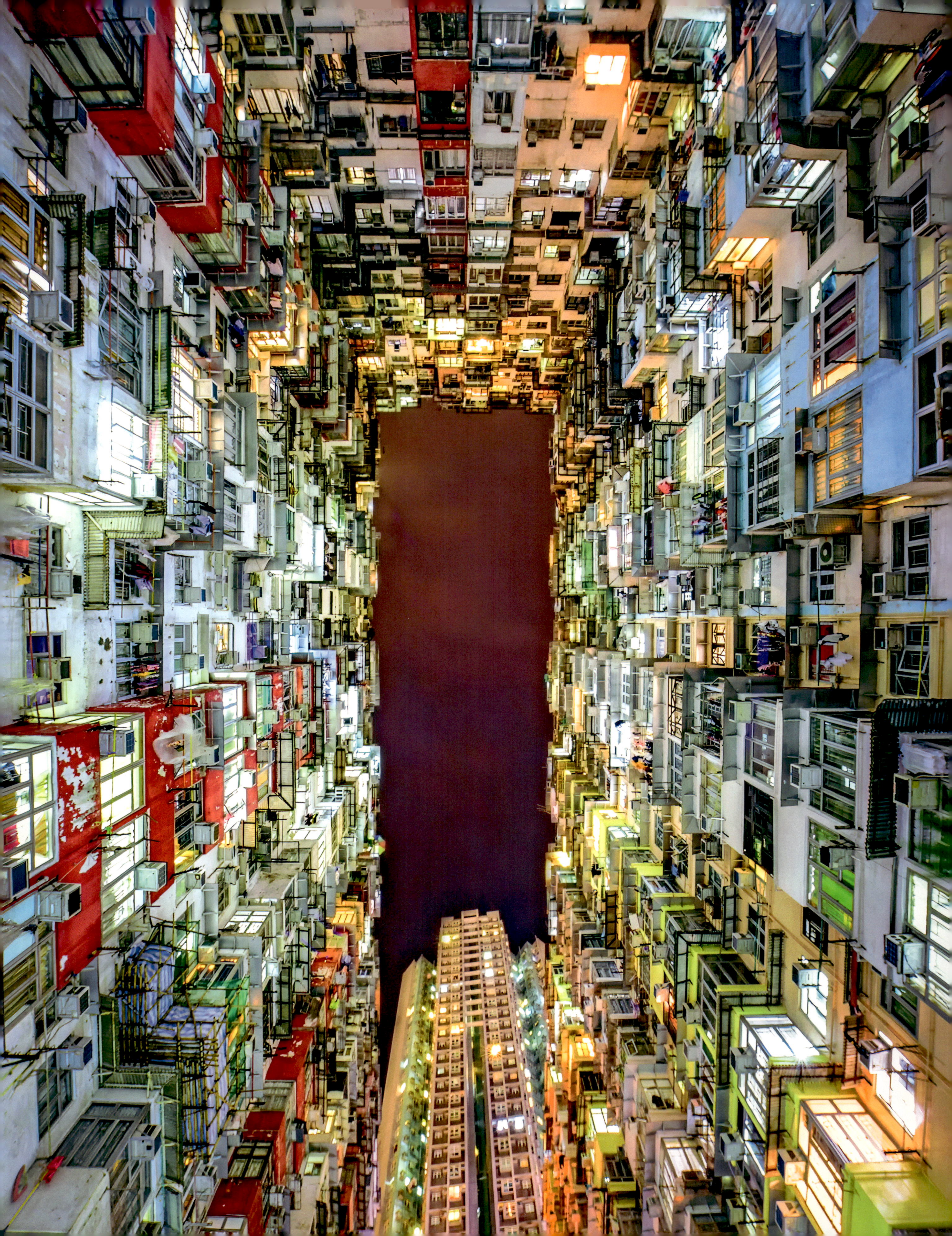

拥抱生活

香港是个紧凑的城市，密集且有层次感。20 分钟内，你可以到达任何想去的地方，从来都不会感到不安全。你可以不锁车门，凌晨 4 点从酒吧走回家也无须担心。这在其他地方并不多见，这是香港人的魅力所在，他们很热情，但同时又很平和。

香港是众所周知的金融中心，拥有壮丽的天际线，但很多人并不知道这座城市 40% 的面积被公园所覆盖，这里有着土地肥沃的山脉，郁郁葱葱的山林，还有一些漂亮的沙滩。这里的登山文化实际上不比这里的商业文化逊色。龙脊，因它的壮丽，或许称得上是全港最受欢迎的徒步径，但我个人更喜欢紫罗兰山，喜欢带朋友去。登上紫罗兰山并不容易，当你爬到 1000 步时，即可将城市的壮观美景尽收眼底，包括维多利亚港湾，以及南丫岛等小岛屿，建在岸边的棚屋，一眼望去让人感觉仿佛置身在一个小渔村里。

花一天时间爬山，然后美餐一顿，我们很喜欢这样的方式。如果在香港待上一年，你可以在 365 天内每天吃到不同的美食。来到香港，你不可错过品种繁多的街边小吃。小吃店随处可见，全天候营业：咖喱鱼丸、臭豆腐、肠粉、烤红薯、炸猪肠。对于一个外地人来说，这或许有点令人生畏，但也不失为一种新口味的体验。

对页图：香港是个紧凑的城市，密集又有层次感，图为本地的居民楼。

创新海洋

每个香港人都知道海洋公园，自 20 世纪 70 年代末开业以来，海洋公园一直是这座城市的标志，陪伴了一代代人的成长。2003 年，他们来找我寻求帮助，担心迪士尼进驻香港后，海洋公园可能难以竞争。

我对主题公园一无所知，但香港特首打来电话，我决定去实地考察一番。海洋公园位于山顶，俯瞰清水湾，地理位置得天独厚。但公园设施油漆脱落、人行道坑坑洼洼，一片支离破碎的景象。坦率地说，看上去就像快要停业一样。凭借多年在时装业摸爬滚打和打造兰桂坊的经验，我不会只看事物的表面，我发现它还有潜力可挖。

为此，我组建了一个团队，着手重新规划这个主题公园。迪士尼开业在即，让我们深感危机重重。我们没有他们雄厚的资金预算，因此必须跳脱固有模式去思考。我们把这里打造成了一个充满乐趣的，并且培养市民社会责任感的地方。通过探索世界、保护自然和宣传教育，人们在这里获得关于如何保护海洋、减少塑料垃圾等方面的启发，这些都是人们非常关心的问题。

第一个新闻发布会让我一直记忆犹新。当时我们认为，海洋公园的水母馆会大受欢迎，市场部告诉我已安排了 4 个女孩在发布会上扮成水母。我说：“为什么不由我来扮水母呢?”如果我是一家银行的董事长，我必须穿西装、打领带，但身为主题公园的董事长，在这个充满幻想的世界，氛围主导一切。所以，我装扮成水母的样子宣布主题公园重新开业，媒体被震惊到了。从此，每当我们发布新项目，由我穿上一些“疯狂”的服装已成为惯例，更神奇的是，这种办法每次都能奏效。

在我的任期内，我们的利润和入园率年年击败迪士尼，在竞争中成功突围！我对这一成绩非常骄傲，但我更在意的不是个人，而是每位游客都能感同身受。海洋公园不仅成了成功转型的典范和内地许多主题公园学习的对象，也通过自身实践展现了香港的进取精神。一个看似不可能实现的事竟然成功了。

对页图：一名游客在海洋公园与海豚玩耍。

LG V40 ThinQ
FWD
aqua
AQUA LUNA
張保仔
99P.

我的香格里拉时刻：家外之家

我在香港的第二个办公室就在九龙香格里拉旁边。我习惯于每天在这里的咖啡店享用午餐；很多人都经常来这里小聚。香格里拉从不做作，不像有些乏味的酒店总是想装出不属于它们的样子。作为一个外国人，当你走进香格里拉酒店时每个人都能喊出你的名字。虽然从事时装业时我经常全球飞，但我在其他地方从未感受过这样的服务。这就像回到家一样，在某种意义上，香格里拉已成为我的第二个家。

一直跟着我的司机，其实是我从香格里拉酒店“挖”来的。他曾是酒店的泊车员，已在酒店工作了很多年，每天都为我泊车。直到有一天我问他：“你愿意成为我的专职司机吗?”那是30年前，直到今天他还是我的司机。因此你也可以说，如果没有这家酒店，我自己也许在香港会寸步难行。

什么是我心目中的“香格里拉时刻”?这实际上是一种归属感。身在香港，见证它的变化，从一个完全陌生的局外人成为这座城市的一分子。在这里生活的每一天都让我备感幸运。

对页图：传统的木制帆船与现代城市的天际线。

傅厚民
设计创造生活

傅厚民 (André Fu) 是知名的室内设计师和建筑师。他将自己独特的现代主义及多元文化感知力融入酒店和餐厅的设计，诠释了亚洲热情好客的文化。

细节铸就的城市

几乎每个周日的早上，我都会去一家名叫“祥兴咖啡室”的传统地道茶餐厅，这家店里有太多让我喜爱的香港特色，我也乐于把它们分享给远道而来的朋友们。这家店位于跑马地，与周边的居民区离得很近，已经经营了几十年，它的设计风格我很喜欢：彩色的陶瓷锦砖地面，传统的长沙发，看起来很像斯堪的纳维亚风格的椅子。这股混搭风正代表着纯正的香港风尚，反映了这座活力之城的多面性。

作为一名设计师，我从事着高端行业的工作，但我从小到大都对香港的城市角落充满兴趣，因为在这些地方能感受到原汁原味的传统。茶餐厅有充满港式情怀的菠萝包，但对我来说，真正的快乐就是坐在那里，观察每一个进进出出的人。有的是一家人，有的是远足归来的年轻情侣，还有的是电影圈的人顺道买杯咖啡。香港的茶餐厅本身就像一个电影场景，到处都充满着当地的生活片段。

嘉道里一带也给我一种类似的感觉，这是我在香港最爱逛的地方之一。它位于九龙中心城区的山上，被旺角和油麻地两个全城最繁忙、人口密度最大的地方包围。走进这里，仿佛置身于一个完全不同的世界：一个由大约 100 多间独立楼房组成的建筑群，风格从包豪斯到后现代主义不一。这些房屋依然保存完好，被一棵棵百年大树环绕。

香港是一个很独特的城市，它的过人之处让我选择扎根在这里生活。这个融汇了中西文化的地方，让你在踏上这片土地时就能明显地感受到它的活力。

对页图：祥兴咖啡室是一家传统的茶餐厅，与周边的居民区离得很近。

祥興咖啡
奕蔭街9號
新鮮餅食 香濃咖啡

ORIGINAL
MILK

左上图：制作点心的师傅。右上图：虾饺。左下图：茶餐厅的设计细节。右下图：菠萝包。
对页图：一位师傅在制作奶茶。

上图：立法会综合大楼。下图：大馆文物及艺术中心。两者都是历史建筑焕发新生的经典范例。

设计的语言

我在少年时期就对设计和酒店业产生了浓厚兴趣。我 14 岁离开香港去英国求学，在此后的 15 年间，香港成了远在异国他乡的我最期待去了解的地方。每一次回家都给了我发现新事物的机会：新的建筑，焕发新活力的老建筑，以及在高速发展时期新建的这么多的酒店。

我是一个喜爱创作的人。小时候，我还曾手绘迷宫让我的朋友们去解谜。当时的我更喜欢在各大酒店游走，感受不同品牌打造出来的截然不同的魅力，那个年代的酒店可以让我从日常生活逃进另外一个世界，从而激发了我对酒店空间设计的好奇心和兴趣。我觉得酒店不仅仅是休息或庆祝特殊时刻的地方，从走进酒店大门的那一刻起，它已开始为客人精心打造体验。我选择了建筑学专业，因为我希望把这种令我着迷的体验带给更多的人。

在我完成学业回到香港后，我接到了为奕居（Upper House）设计的委托，这是我人生中第一个酒店项目，小时候的梦想终于实现。当时我 30 岁，对酒店完全没有经验，组成了仅有三个人的工作团队，既紧张，又兴奋。我的经验告诉我，在一个陌生的城市工作会更简单：没有那么重的思想包袱，没有人会期待你了解这个城市的一切。但在香港，这个我土生土长的地方，如何不流于表面地致敬这座城市，让我一直倍感压力。

此后，我很荣幸又设计了香港的另外三家酒店，其中包括香格里拉集团的嘉里酒店，以及位于亚洲和欧洲的许多酒店。在我看来，它们身上的共通性应该是我从成长经历中提炼出来的设计语言。香港是个快速流动的城市，新理念与新信息在此汇聚，中西文化也在此交融。在这里长大，后移居欧洲，让我吸收了不同城市独有的文化元素，我期望我设计的每一个项目都可以展示当地城市的独特品质。

艺术觉醒

香港如今的风貌与我小时候记忆中的一模一样：这里节奏快，每个人都扮演着多种角色，永远有工作在等着你完成。但它总是不断变化，总是让你惊叹。近些年里最有趣的改变之一，至少对我来说，是香港大众对艺术培养起了广泛的兴趣。

香港长期被称为“金融业与银行业的中心”，但现在我认为它更成了一个文化中心。例如，10 年前，我极少能看到本地人走进博物馆和艺术馆；如今，如果周末去香港艺术馆逛一逛，你将看到一番热闹的景象，很多年轻人在看展。这是令人欣喜的新风尚。

我认为这和国际艺术展落地香港是分不开的，例如巴塞尔艺术展，把艺术领域的重要人物带到了香港，为国际艺术机构的涌入奠定了基础。这股浪潮一直持续至今，让我尤为兴奋的是两家博物馆的成立：一家是聚焦当代艺术的 M+ 博物馆，已于 2021 年 11 月开幕；另一家是我有幸参与其中的香港故宫文化博物馆，它是北京故宫博物院的合作项目，将展出国宝级珍藏文物，以及香港的艺术精品。以上种种合起来像是这座城市在国际上的重新定位，如今的香港不仅仅是金融中心，同样也是展示现代艺术和文化的窗口。

年轻学生在香港巴塞尔艺术展观看展览。

“香港如今的风貌与我小时候记忆中的一模一样：这里节奏快，每个人都扮演着多种角色，永远有工作在等着你完成。但它总是不断变化，总是让你惊叹。近些年里最有趣的改变之一，至少对我来说，是香港大众对艺术培养起了广泛的兴趣。”

傅厚民

对页图：一个女孩走过历史悠久的嘉咸街，这里是香港中环著名的涂鸦墙所在地。

*每天10小時工作
兼職$60/hr
每月例假 勞工假期 有薪年假
晉升機會 員工膳食 獎金分紅
勤工獎 提供在職培訓
招聘 熱線 •
Whatsapp • 6680 4403 黎生
全職兼職亦可 !! 歡迎來電

佳肴汇聚

每当有朋友到访，我总想给他们展示这座城市的全貌，没有什么是比美食更有说服力的了。在香港，从高端餐饮到街边小吃，诱惑无处不在。

如果我要安排一场美食之旅，由我设计的餐厅 Louise 必在其中，这座建筑的前身是 20 世纪 50 年代的警察宿舍。餐厅主厨朱利安 · 罗耶（Julien Royer）是一位法餐大师，他的法式本地黄油烤鸡是必点菜品。我还会推荐润（Rùn），一间米其林中餐厅，这里制作的点心堪称艺术品。他们有一款和牛酥，以炭黑色芝麻酥制作而成，精致得让人下不了口，但它的味道又美妙得让人难以抵抗。最后，说到高端餐饮我还会带朋友去一家由我设计的名为 Estro 的餐厅，主厨安蒂莫 · 玛丽亚 · 梅罗内（Antimo Maria Merone）主理那不勒斯菜系。

仅品尝高端餐饮会让你错过很多香港的地道体验。谈到当地美食，我个人喜欢豆腐花。大街上随处可见，但如果和我一起，我会带你去我最爱的那家小店，在远离市区的南丫岛上。登岛像是开启了一场奇妙之旅，这座岛本身就是一个休闲目的地。乘坐渡轮，突然间你感觉离开了城市，来到一个小渔村，到处弥漫着家的氛围。离海滩边不远处，有家名为“建兴亚婆豆腐花”的小店，只供应豆腐花，搭配糖水和少许黄糖一起吃，入口绵密而醇厚。坐在这里，仿佛置身于另一个世界。

对页图：两位工人正在享用午餐。

我的香格里拉时刻：愉悦的时光

我和香格里拉集团合作过几个项目，其中让我印象最深刻的是伦敦香格里拉的空中酒吧。我非常希望在这栋现代建筑上用一种新的语言讲述东方故事——既富有地域风情，又能展现国际化。我们决定采用中国传统的建筑结构斗拱作为核心元素，设计出包括酒吧和天空泳池的一个梦境般的空间。对我来说，让这座伦敦的现代建筑披上神秘的东方韵味，正是我作为设计师的追求。

香格里拉品牌真正以亚洲式待客之道为根基。我认为，亚洲人的热情好客不是公式化的有条不紊，而是发自内心的接人待物。现在人们所追求的"幸福感"，其实早已被亚洲式待客之道所实现，当你走进酒店就会被无微不至的关怀所包裹。在设计方面，构思的角度同样需要考虑到客人的感受：哪里可以挂衣服，哪里可以坐下，这个地方怎样设计才能让客人感到舒服。正是无数这样的小细节，在过去 50 年成就了这个品牌，以及他们的亚洲式待客之道。

对我来说，反思真正愉快时光的定义，莫过于我绘画时的感受。这时，我会聚精会神、心无旁骛。就像酒店用服务为客人创造一段美好时光，我用绘画为自己创造一刻纯粹的愉悦。

对页图：M+ 博物馆，全球最大的当代视觉文化博物馆之一。

李泽湘
创造科技新势力

李泽湘是香港科技大学电子与计算机工程学系教授。他创办了固高科技，这是一家运动控制和机器人技术公司，被称为“中国科技创新领域的前沿代表”。

英文
中文
港大碩士級講師
英文考試策略專家
中大中文
2474 4267
大家樂
CAFÉ DE CORAL
All for Your Needs
NaRaYa
瑞華軒中藥行
周少勳
24 hrs
全日
TAXI STAND
16
3C
PX 466
KMB
TAXI
2959
AZ 862
SM 8725

“一见钟情”与 30 年之缘

在正式决定到香港发展之前，我曾两次取道香港转机回大陆。我记得当时去了尖沙咀、铜锣湾等商业中心。高耸入云的摩天大楼、摩肩接踵的拥挤人群、灯红酒绿的城市夜景、眼花缭乱的各式招牌…… 这是我第一次看到那么多、那么密集的高楼大厦，感觉香港比美国还繁华。虽然之前我也去过纽约、洛杉矶、旧金山这些城市，但没有一个城市能像香港那样给我留下那么强烈的印象。

1991 年，我听说香港中文大学成立了一个机器人实验室，要招负责人。那时我已经从伯克利大学博士毕业，在纽约大学柯朗（Courant）研究所计算机系工作。我有点动心，想过去试试。但因为各种原因，和中文大学的面试不了了之。我要离开的时候，又听说香港创办了一所新的大学，正在招人，这所大学就是香港科技大学。我决定去那里看看。

香港科技大学是一所国际化的大学，能让人自由发挥。我在伯克利读书时认识的一些教授、老师、毕业生也去那里工作。那里的校园建造得非常漂亮，特别是游泳池，就建在大海边上，好像纵身一跳就可以投入大海——我感觉这就是我梦想中的大学校园。就算在今天，如果要我用一张照片来呈现这座城市最打动我的一面，我还是会选择港科大，这里就像我的“世外桃源”。

那是一个激动人心的年代。20 世纪 90 年代初期，“香港”一词开始在我们这些留学生群体里慢慢热了起来，背后原因还是 1997 年香港即将回归的大背景，我们总想着能做点什么。所以，当我在 1992 年正式加盟香港科技大学时，我想到在时代大背景下，能参与到一所研究型大学的建设，是一件非常有成就感的事。

不过，坦率地说，我刚开始的时候也没想要在香港待那么久。当时我给自己做了一个“北上计划”：先在港科大工作 10 年，把一个研究型大学办起来；然后再到深圳工作 5 年，之后就回到老家长沙，最后在北京退休。可是没想到，我在香港一待就快 30 年了。

对页图：霓虹灯和广告牌映照下的繁华街道。
第 138–139 页图：香港科技大学背山靠海而建，是很多人梦想中的校园。

让科技走出“象牙塔”

回想起来，当初也是一个偶然，让我走出校园的“象牙塔”，开始了科技产业化的探索。

有一天，我正在学校的实验室做实验。有一位在顺德开公司的香港老板开着一辆劳斯莱斯到学校来找我，原来，他们从日本购置了一套马口铁剪切生产线，但一直调试不起来。他绝望地问我：“李教授，你能不能帮帮忙?”我说：“我是做研究、写论文的，和你的产业也没什么关系吧?”听了我的回答，老板蛮失望的，走了之后不甘心，又回来找我。

后来，我们在他的厂里待了一个多月，帮他重新建立了一套控制系统，实现了正常生产。后来遇到金融危机，这位老板反而赚了一大笔。这个事例让我思考：怎么把实验室的技术与周边的产业结合起来? 1999 年，我在深圳成立了固高科技（香港）有限公司 [Googol Technology (HK) Limited]，这是中国第一家运动控制公司。“固高”的英文为“GOOGOL”，我的太太是数学专业的，她给取了这个名字，意为“10 的 100 次方”，大概是希望公司能有无限前景吧。

从做学术研究到管理一个公司、把一项技术变成产品，最初是一件非常“挣扎”的事情，但我从来没有怀疑过技术产业化这条路，因为我看到了客户用了我们的产品之后，因技术产生价值而带来的喜悦感和满足感。这种满足感与学术论文被几个人读到的感觉是不一样的。我的一篇论文让别人看到了，读一读，可能就被扔到一边去了。但一个产品可以救活一个工厂，让几百号人能够很好地活下去，意义就大不一样。很多客户因此获得了成功，甚至比固高还要成功，这就是价值所在。

固高无意中为香港和整个大湾区的产业转型升级提供了一个平台，我也鼓励学生们来这里创业。众所周知的汪滔，当初就在一个不足 20 平方米的仓库里创立了无人机公司“大疆”。后来，我们又在东莞建立了松山湖国际机器人产业基地。我也希望借助这个新的孵化平台，把中国香港和内地，乃至全球的创业者聚集到一起，为他们提供帮助和扶持，打造一个世界级的机器人产业平台。香港科技大学师生组成的“学院派创业公司群体”也入驻了松山湖，如今已孵化出了李群自动化和被称为“水上特斯拉”的逸动科技等 50 多个“大疆”同级别的项目。

对页图：一群学生正在用大疆无人机演示远程飞行，大湾区为年轻创业者打造了一个世界级的机器人产业平台。

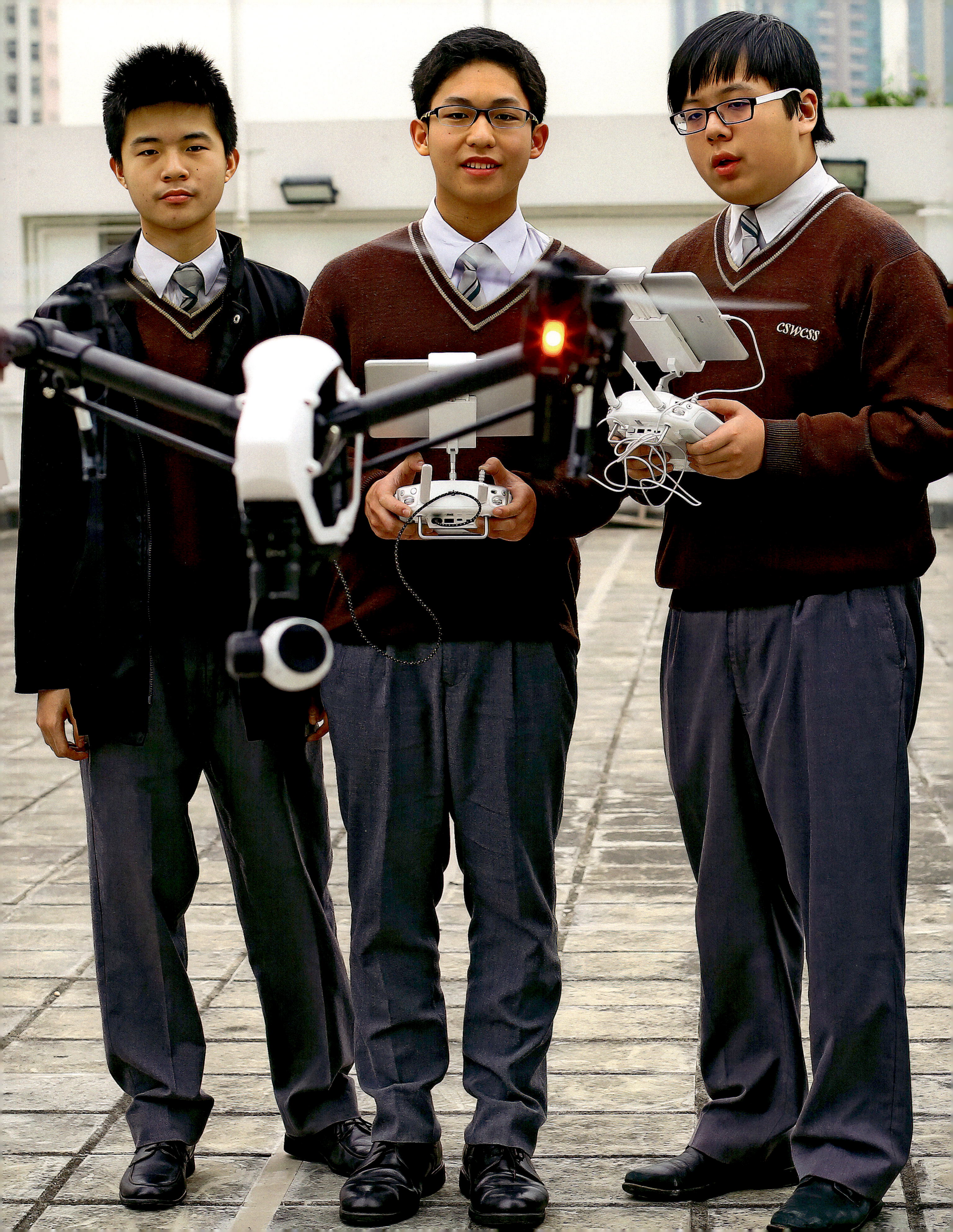
CSWCSS

融合的力量

早在 2006 年，一批在香港的内地海归人士成立了“居港大陆海外学人联合会”（简称“海学联”），组成人员主要是高教界、法律界、会计金融界、工商界和文化界的内地来港专业人士，我也是其中一员。我们这些“港漂”都在想：如何用自己的专业能力为香港助力。

2015 年前后，海学联的几位核心骨干找到我，想让我为香港的科技创新出点主意。其中一位是原港大化学系系主任陈冠华。他的经历蛮有意思：他是上海人，却在香港开了一家生意很好的湘菜馆。我就跟他讲：发展科技产业跟开餐馆一样，就是把各种各样的材料凑齐，然后在里面搅拌，掌握好火候，时间一到，美餐就成了。实际上，香港就缺少一些很重要的佐料。

2016 年 7 月，我与陈教授、红杉资本的沈南鹏等人一道发起了香港 X 科技创业平台暨青年创业服务系统。X 代表未来、无限、想象力。我们的初衷是运用资本的力量，将教授、学生、科技创新有机地联结起来，有效运用香港科技领域顶尖教授的专业能力，引导香港的青年人走上创业之路，也帮助他们把创业项目推向市场。

在做香港 X 科技创业平台的过程中，红杉资本中国也出资成立了一个创科香港基金会（Hong Kong X Foundation），做了不少智库研究，包括《跑赢智能时代》等。我们也组织了一些论坛，对香港未来如何发展科技产业提出了坦诚的意见。令人欣慰的是，港府的官员们都读了这些报告，我们的一些声音和做法也逐步被政府理解和采纳。

2019 年，《粤港澳大湾区发展规划纲要》正式发布，一个世界级城市区的概念在更高的层面上被提出。在我看来，这是香港的一个重要历史机遇。对于创新，香港有很多很好的因素，只是以前这些因素没有发生化学反应。比如香港有非常国际化的背景，并且拥有大量国际化的人才，除此之外，教育、医疗等方面都有独特的优势。现在只是需要有人去发现这些东西，对它们进行搅拌、加温，然后把它们融合起来。

今天，香港需要新一代的创业者，他们完全区别于上一代——如果说以前是“资源型”，那么现在是“智慧型”。香港要从过去的房地产思维、金融思维，转向科技思维、创新思维，用知识创造更多的机会给年轻人。我们现在进入了一个创新经济的时代，用大湾区更广阔的资源结合内地的市场、新的消费者、新的需求，用科技把这些资源整合起来，这是新一波的浪潮，我们要走出一条新路来。

对页图：2012 年，孩子们在创新科技嘉年华上操纵机器人。

我的香格里拉时刻：回归大自然

在我眼里，香港有非常独特的一面，和人们对它的一些刻板印象不一样，那就是它的自然环境，还有城市与自然的结合。比如最著名的麦理浩径（MacLehose Trail）100 公里徒步山路，非常漂亮的自然环境，几分钟的车程就到了。这里曾被美国国家地理频道选为全球 20 条最佳行山路径之一。

要是有一天奢侈的空闲时间，或者有家人、朋友来访，我会选择带着他们一起去体验我最爱的项目——爬山。我是一个从小在山上长大的孩子，回过头来看，在大自然中奔跑，上山砍柴、放牛，那种无拘无束的童年生活才是一生中最宝贵的经历。无论我碰到什么挫折，我都会想起童年的那段岁月，没什么好害怕失去的。对我来说，每一次爬山中的乐趣就是我心目中的“香格里拉时刻”。

提起香格里拉，我在 2008 年有一次特别的经历。那个时候，我们团队经过 8 年的筹划和申请，终于把国际机器人与自动化大会带到中国，那是这个大会第一次在华人地区举办，我担任大会主席。筹备期间，我在上海浦东香格里拉先后住了一个多月。香格里拉基本上是会议的指挥部，各种各样的筹备会议、所有的论文评审、会后的总结等，都在那儿进行。酒店安排得很周到，而且整个服务条件比在美国及欧洲好很多。印象最深刻的是，在香格里拉吃得非常好。总之，这一次经历让我难忘。

对页图：麦理浩径的越野跑比赛。

“在我眼里，香港有非常独特的一面，和人们对它的一些刻板印象不一样，那就是它的自然环境，还有城市与自然的结合。比如最著名的麦理浩径 100 公里徒步山路，非常漂亮的自然环境，几分钟的车程就到了。”

李泽湘

对页图：麦理浩径第七段，从香港针山山顶遥望荃湾。

Hangzhou
杭州

探索杭州

站在西子湖畔，背对着杭州的城市天际线，你会被眼前这魂牵梦绕了中国千百年的美景所折服。薄雾平湖起，垂柳抚岸青，还有那宝塔、寺庙、石桥、小船，优雅的身姿倒映在湖面，四周叠绿泻翠、茶园环抱，如诗如歌的图景令人不禁感叹：杭州，这座南宋的都城，为什么在中国的历史长河里始终充满着传奇色彩——文人的赞咏，水墨的勾勒，佛家的推崇，让杭州的美名享誉天下。

当你背对西湖，眼前的现代派建筑群仿佛在提醒，杭州虽然拥有漫长而丰富的历史与传统，却不是一座被时间禁锢了的城市。建于 4 世纪之前的灵隐寺内，有 400 多尊雕琢于石灰岩上的造像，如今依然栩栩如生。这些与杭州城内的当代风格建筑，比如杭州临平大剧院——一座由亨宁 · 拉森（Henning Larsen）领衔设计的极具未来感的冰山造型建筑相映生辉。杭州本土著名书法家也正与世界知名的数码艺术家吴俊勇、张培力等合作，用现代手法让传统艺术绽放光彩。直通北京的京杭大运河曾使杭州的丝绸织造与贸易成为支柱产业，如今的高铁让上海近在咫尺，连接着杭州这座最具活力的数字经济中心。你还会在梦想小镇这样的地方体会到超前的思维碰撞，这里曾是一片位于城西的古镇，现在却成为 1000 多家科技创业公司争相进驻的基地。走在杭州的街头，你还会注意到许多年轻时髦的直播博主，他们已将杭州的各个网红打卡地变成了社交媒体上展示自己和推介时尚生活产品的舞台。

杭州的两面——古典与摩登、宁静与热情、与生俱来的保护与革新意识都在这里持续交融、相得益彰，赋予了她独一无二的气质。杭州虽然是一个大都市，却透着中国古代那种悠然自得的惬意。西湖散发着经久不衰的神秘魅力，让杭州满是诗情画意。越是慢慢逛，越是想留得更久一点。你可用上整整一天去探寻这座城市既能吸引古代的哲学家，又能打动今天的创业者的奥秘。

清晨，你可以和许多本地人一起在楠哥煎饺门口排起长队，只为享用到脆皮煎饺。接着，在共享单车的首创之都，你可以来一场向往已久的骑行。沿着平坦的环湖路蜿蜒向前，你可以打卡西湖十景，三潭印月、花塘观鱼……都是些你耳熟能详的名字。杭州的坊巷间有 700 多家茶馆，下午时分，你可以为自己找一家像绿藤茶馆这样的茶室，品鉴一杯在本地已有千年种植历史的上好龙井茶。放松后，你可以去桥西历史文化街区逛一逛，这里布满了餐厅、咖啡馆和商铺，还有展示陶艺与绸伞的博物馆。夜幕降临，你可以去品尝这里的特色——杭帮菜，如龙井虾仁、西湖醋鱼，还有以宋代诗人苏东坡命名的东坡肉等。这些菜肴都须由新鲜食材烹饪而成，令人沉醉于美食与美景相融的江南意境之中。用餐后，你可以回到西湖边欣赏张艺谋的作品《印象西湖》，在灯光秀的烘托之下，身着华服的演员在水面上翩翩起舞，演绎着家喻户晓的故事《白蛇传》，许仙与白娘子情定断桥的浪漫传说亦幻亦真，令人陶醉。

不知不觉几天就过去了，抑或已走过了几个世纪，这还真的不好说。在杭州度过一段充满好奇又令人难忘的穿越时光之旅，会不经意地想起中国的一句古话：上有天堂，下有苏杭。

汤唯
杭州就是故乡的味道

汤唯，中国女演员，主演超过 15 部电影，包括《晚秋》《黄金时代》《北京遇上西雅图》等，获得过中国台湾金马奖，以及韩国青龙奖、百想艺术大赏等众多亚洲国家的电影大奖。

西湖边的回忆

我的童年是在杭州河坊街151号度过的。河坊街在西湖景点“柳浪闻莺”的公园边上，现在是一条仿古步行街。清末著名“红顶商人”胡雪岩创办的药店“胡庆余堂”就在这条街上。我后来拍《三城记》的时候才知道，原来我们家那一带是徽派建筑群，白砖黑瓦，中间有天井。我觉得自己真是很幸运，童年时期能够住在这么美又这么有历史的一条街上。河坊街的住宅现在成了西泠印社用于展览的一个地方，我和我爸爸后来还有机会再回去看看。那一天，我们父女一起踩着“吱嘎吱嘎”的木地板回到老房子里，真的特别开心。

5岁时，我们全家搬到了武林路的一幢公寓楼里。我们家的房间有一大排窗户，正朝外看，可以看到宝石山和保俶塔，还有一部分西湖。这个家，我一直住到20岁到北京读书，所以感情特别深。我最喜欢的是武林路的梧桐树，小孩子们就在这些大大的梧桐树下跑来跑去，捡树叶玩耍或在上面画画。杭州的夏天气温很高，多亏这些梧桐树遮天蔽日的大叶子，我们才没有被热惨。

西湖几乎是我童年从头到尾的记忆，每天吃完饭就去西湖边遛弯，少年宫也在西湖边。到了周末，我不想在家待着的话，就背着书包跑到西湖边，爬山爬累了，找个安静的地方看书、背诵、读英语课文。

我喜欢去宝石山，上面有保俶塔，我也常常在后山的亭子里看书。旁边还有个尼姑庵，那里也是我爱去的。尼姑庵旁边有一个小池子，里面是山泉水，渴了可以直接喝；孤山也是我喜欢去的，那里有一个小弯角，正对着西湖，通常总有一个凳子是空的，我也喜欢坐在那儿发呆。如果看到鱼跳起来的多了，就知道可能快要下雨了，然后赶紧收起书包骑自行车回家。小时候经常去玩的地方还有灵隐寺，几个小伙伴没事就经常到那里走走，去看看我们的弥勒菩萨——杭州话叫“哈拉菩萨”，小时候还真是不怕远。

高中时最喜欢的“游戏”，就是在西湖边上和同学们一起骑自行车过六吊桥，我每次都是骑得最快的。六吊桥上下坡度大，速度快了会有“飞”起来的感觉，所以，如果有机会坐汽车，不管是亲戚的车，还是朋友的车，每到六吊桥，我就喊“快点开，快点开”，就是要等着颠一下，恨不得脑袋都碰到车顶上才高兴，还让他们来回开几趟。

第154–155页图：柿子熟了。
西湖是杭州市中心标志性的风景名胜。对页图：泛舟西湖是游览杭州美景最惬意的方式之一。

对页图：胡雪岩故居，建于 1872 年。
胡雪岩故居里的少年。

> “每天吃完饭就去西湖边遛弯，少年宫也在西湖边。到了周末，我不想在家待着的话，就背着书包跑到西湖边，爬山爬累了，找个安静的地方看书、背诵、读英语课文。”

汤唯

对页图：西湖摇橹船上戏水的小姑娘。

杭州气质

中学毕业之后，我去了一所美术学校。写生是必不可少的，画树、画水，感觉杭州有特别多的地方可以画，树木是软软的，柳枝是垂垂的。下雨的时候更加漂亮，山色空蒙，一切都是那么滋润的感觉。虽然我后来没有从事美术工作，但我喜欢颜色、喜欢素描的构图。我想，无论是我考上中戏导演系，还是后来从事演员工作，在杭州这座美丽的城市上建立起来的审美，真的起了很大的作用。

杭州的女孩子都很温婉，但我大大咧咧的，性格挺“不杭州”的，我打小跟男孩玩得多，在学校什么球都打，反正就是爱玩。杭州女生通常也很精致，说话声音软软的、嗲嗲的，皮肤白白的，长得美美的，我看到她们，有一种特别想去抱抱的感觉。男生个个都是“绝世好男人”，家里的一切都会担负起来，打扫卫生、做饭。小时候，我的一位邻居王叔叔，经常边唱咏叹调，边做家务，这就是我对杭州男人的印象。

我身边的杭州同学看起来都有柔和的好脾气，但他们都是各自行业里出类拔萃的人。自己要做什么，就会一直做下去，享受其中的乐趣，但又不会特别张扬，有一股韧劲。这可能也是杭州人的一种性格。

表面上看，杭州人很安逸，他们通常不愿意离开家乡。但从另一个角度看，也可以说这是杭州人对自己家乡的自豪感。天时地利人和，又是这么美丽富饶的鱼米之乡，谁又愿意离开呢?生活在这里，住在这里，吃在这里，一切都挺好的。虽然这座城市后来发展得比较快，有一部分老的东西或消失，或变得商业化，但杭州终究是大家都喜欢的地方。

对页图：烟雨西湖。

对页图：人们在湖上采荷叶。
左上图：荷塘边的女孩。右上图：西湖边的莲市。
左下图：莲市即景，每逢盛夏时节，西湖莲花盛开，荷香四溢。右下图：杭州花农。

1973 年，杭州丝绸女工。
对页图：1986 年，西湖丝绸伞制作中。

对页图：拥有千年历史的法喜寺是杭州本地最受欢迎的寺庙之一。
净慈寺坐落于南屏山慧日峰下，是西湖周边的第二大寺庙。

故乡不可替代

2000 年，我考入中央戏剧学院导演系，离开杭州到北京读书。初到北京的时候遇到沙尘暴，空气又很干燥，真的是吃不消，所以更加怀念杭州湿润的空气。杭州一年四季都能看到绿色，而北方一到冬天叶子全掉光了，看到光秃秃的树，我还真有点不适应。有一次，我实在想家，那时候是桂花盛开的季节，我就在学期中间自己回去过了一个周末，去闻桂花香。我特别喜欢桂花的香味，无论到哪里，我都会常买桂花泡茶或做食物。

2002 年，赖声川导演去杭州旅游，我义不容辞地给他和他的太太当导游。那时我还是个 20 岁出头的中戏学生，也没去过什么特别的地方，就带着他们到自己熟悉的一亩三分地去吃。我记得我们在西湖边上的“楼外楼”吃了杭州最有名的两道菜——西湖醋鱼和老鸭煲，然后我们一起坐船游了西湖。

后来，我还在其他一些城市生活过，如深圳、香港、伦敦、首尔、温哥华、墨尔本。现在，北京是我的第二故乡，我们全家定居在这儿。但杭州在我心中的地位是无法替代的，我的骨子里都是那里的空气，那里的水。我总会想起那里的老师和同学，那里有我最温暖和最开心的回忆。

如果用一张照片来呈现我眼中的杭州，我会想起我的一个“私藏景点”：从我们家坐 31 路车去凤凰山，途中会路过一个公园，那边有个小码头，我很喜欢一个人坐在拴船的小桩子上，看着西湖的水面很久很久，脑海里会有各种奇奇怪怪的想法。抬头看，就是宝石山和保俶塔。无人的码头正对着一片山，下雨是一个景，夕阳是一个景，阴天雾蒙蒙的又是一个景……它就是我心目中变幻莫测、美丽且神秘的杭州。

杭州被称为“茶都”，图为九溪茶园。
对页图：五云山是西湖区域第三高的山。一家人在翠绿的五云山林中漫步。

“我很喜欢一个人坐在拴船的小桩子上，看着西湖的水面很久很久，脑海里会有各种奇奇怪怪的想法。抬头看，就是宝石山和保俶塔。无人的码头正对着一片山，下雨是一个景，夕阳是一个景，阴天雾蒙蒙的又是一个景……它就是我心目中变幻莫测、美丽且神秘的杭州。”

汤唯

在西湖岸边玩耍的小女孩。
第 174–175 页图：一对情侣在西湖边欣赏夕阳。

杭州的味道

杭州人讲究生活品质，这首先体现在“吃”上，讲究吃，也会吃。我们喜欢吃橘红糕、定胜糕，还有熏鱼。每次回杭州，还是喜欢吃小时候的米线，一碗米线一定要每一根都给吃光，把汤喝光。令人想念的还有吴山广场的牛肉，拿一张纸，上面放几片牛肉，不知道现在还有没有。我小时候爱吃臭豆腐，还有家边上的一种特产“葱包烩”，就是用一张薄薄的饼把一根油条包住，里边放上葱，压扁，再涂上甜面酱……记忆里美好的东西几乎全是吃的。

除了吃，喝茶也是我从小养成的习惯。虎跑泉水冲泡龙井茶，那肯定是“绝配”。小时候，我每次去虎跑泉喝龙井茶，用的茶杯都是老式的带盖的杯子，上面有很多蓝色的花，水一倒满，茶就沏好了。我不爱喝太多水，但喜欢吃茶叶，所以通常我会捞茶叶把它吃完了，龙井茶的叶子很好吃，淡淡的，有股清香。

2017 年的一天，我在 Instagram 上发了一张荷花糕的照片，没想到引起了很多杭州人的热烈回应。其实做法挺简单，就是把一小块米糕蒸好了，按照爸爸妈妈教我的方法，拿点好吃的菜汁往里面一倒，或者放点糖拌一拌。小时候，我会吃得特别开心。好玩的是，之前我一直以为“荷花糕”真的是用荷花做的糕，后来才知道，原来只是米糕上印有一朵荷花。

我们家至今还保留着杭州人的饮食习惯，喜欢吃泡饭、小馄饨、菱角、茭白、糖醋排骨和笋干，都是杭州的东西。我先生也很喜欢吃杭州菜，他第一次跟我去杭州的时候开心极了，他说：“这地方真好！”杭州的各种小吃，我先生可是没少吃！

我爱吃的东西，我女儿都爱吃。她好几次问我：“妈妈，我也是杭州人吗？”我说：“你当然是啦！你妈妈是杭州人，你至少也算半个杭州人。”她可高兴了。她说：“我太喜欢吃藕粉了，我要去杭州。”我希望能够有机会带着她回去住上一阵子，让她学说杭州话，多跟我的老师聊聊，好好带她吃真正的杭州菜。

对页图：杭州茶文化历史悠久，图为一位炒茶人正在进行手工炒茶。
第 178—179 页图：西湖龙井是中国十大名茶之一，照片展示了一位龙井采茶人在采茶。

“杭州人讲究生活品质，这首先体现在‘吃’上，讲究吃，也会吃。我们喜欢吃橘红糕、定胜糕，还有熏鱼。”

汤唯

对页图：著名的荷花糕。
杭州是一座拥有众多美食的城市，熏鱼是杭帮菜的特色菜之一。

我的香格里拉时刻：一切都刚刚好

当年，在杭州西湖边上的香格里拉饭店，绝对是一个地标式建筑。那时的我对香格里拉的印象就两个字：神秘。因为它有一段围墙，四周都有树隔着，隐隐约约能看见里面的房子，所以总有一些神秘感。

机缘巧合，后来，我每次去上海，都会住在静安香格里拉。我非常喜欢这里，感觉气场特别正，房间的格局和大小很舒服，不会有过多的不实用的设计，在里面待着让人很安心。在香格里拉，这里的茶和茶具都带有中国式的精致细节，我最开心的是看到桂花茶，熟悉而温馨。我的饮食和起居是属于比较传统的中国人的生活方式，我觉得在香格里拉，一切都刚刚好。

我曾经去过云南迪庆的碧塔海，那里视野非常宽阔，印象最深的就是东边日出西边雨——山在遥远的地平线那端，一眼望不到边的感觉。我们在太阳下策马奔腾，或是坐着小船到湖中间放声大喊，回声从四边传过来，那里很幽静。我心目中的世外桃源或香格里拉，也是这样一种地方，有一种很独特的美，让人心里安定，流连忘返。

对页图：坐落在西湖畔的杭州香格里拉是城市里最具标志性的建筑之一。
第 184–185 页图：黛色参天。

Beijing
北京

探索北京

第一次到访北京，你很难相信自己正踏进一座有着悠久历史的城市。错落有致的城市天际线在你的眼前被飞速勾勒出来，令人印象深刻。作为中国的首都，这座城市有许多不可思议的变化，譬如中央商务区一带独特而壮观的建筑群，在 30 多年前还不存在。你会不自觉地感受到北京迈向未来的坚定步伐，它代表着现代中国的雄心壮志。

当然，第一印象往往是局限的。放松、安顿下来，慢慢体会这座城市，你可以了解和感受历史的跨度。北京的故事始于 3000 年前，元、明、清三代王朝都曾定都于此。“紫禁城”承载了这座城市最为浓墨重彩的历史印记，它建成于 1420 年，至今仍是北京的历史象征与地理中心。紫禁城可通过天安门广场一侧进入，天安门广场是世界上面积最广阔的城市广场之一，也是毛主席纪念堂所在地。从景山俯瞰整个紫禁城，一览金色琉璃瓦顶，直至远处的现代城市景观，高楼大厦的玻璃幕墙闪烁着光芒。这些同时穿越了多个时代的景象，让你真正开始感受到北京的独特魅力：过去与现在和谐共舞，不同时代的历史交织在一起，宛如一张精彩绝伦的画卷。

如今，北京洋溢着现代城市的活力，这源于 1978 年邓小平推行的改革开放政策。北京的开放和包容吸引了全国各地的人来到这里寻找机遇，追逐理想。这座城市的形态、规模和风貌也在数十年间发生了翻天覆地的变化。三里屯这样曾经沉寂的区域被打造成为热闹非凡的潮流街区，空中长廊连接起五光十色的购物与餐饮设施。艺术家、作家和音乐家们为了学习深造和寻找灵感而汇聚北京，为这座中国的文化中心注入了新的活力。如今，你可以在草场地艺术区一睹这种变化，曾经的城乡结合部现已满是各类画廊、设计工作室和美术馆。还有 798 艺术区，这里原为电子工业厂区，从 20 世纪 90 年代开始，很多艺术家在此开设临时工作室，现在已颇具规模，各种时尚店铺和餐饮酒吧也竞相进驻，已然成为北京当代艺术的核心地标。

这些潮流之地代表着未来。而在北京待上一段时间，你还会了解长久以来塑造了这座城市的文化传承。天坛与雍和宫像是两座令人惊叹的纪念碑，记录着北京深厚的历史。它们被誉为历史奇迹和精神象征，而这种匠心精神至今还流淌在城市的血液中。在颐和园能逛上一整天，这座如诗如画的皇家园林总会提醒你数百年来北京人骨子里讲究的生活态度。当然，在孕育了这座城市的山脉之间，还蜿蜒着雄伟壮观的万里长城，它是地球上最具深远影响的人类文明奇迹之一，也是徒步爱好者和历史学家的天堂。

胡同，像迷宫一般的小巷子遍布城市之中，它们的历史可追溯到忽必烈时期，时至今日仍是北京普通老百姓生活的家园，而这恰恰是北京最奥妙的沉浸式体验。信步登上鼓楼，可饱览周边错综复杂的胡同和传统四合院，感受北京的老城面貌。为了给城市的发展腾出空间，许多老旧的胡同街区已被改建，但也有很多地方依然保留着老北京的生活气息。就像宝钞胡同，这里的空气中弥漫着烤红薯的香气，邻里之间串门聊天，孩子们玩闹嬉戏。像五道营胡同，则发生了根本性的变化，新兴的精品店、精酿啤酒屋已成为年轻人和时尚达人的休闲聚集地。

逛北京不需要着急。若什么都想看，往往就会错过一些细小的事物，那些真正蕴含着城市精髓的温馨瞬间，比如北海公园里练太极的人们，小桥上飞过的风筝，松柏和杨柳的枝叶随风起舞。当夜幕降临，北京开启了恣意享受夜生活的一面，展现中国的各色美食。你可以漫步在胡同里，寻找炒肝、灌肠、炸丸子等老北京风味，再到拥有“湖中明珠”之称的国家大剧院欣赏京剧表演，或是去久负盛名的老字号品尝北京烤鸭，最后在地下酒吧体验一下白酒的滋味。当你觉得素未谋面的陌生人相处起来像老朋友时，说明你已感受到了北京人热情、大气的性格，这同样也是这座城市最令人难忘的特质。

关于北京最让你感到惊奇的是这座城市的一种氛围。你最初的兴奋会在这种和谐沉稳的氛围中变得平静下来。北京城的设计曾寓意着“天圆地方”的宇宙观，尽管近几十年发生了翻天覆地的变化，城市环路一环又一环的向外扩张，甚至每一次到访都会有新的发现，但北京依然保留了它的核心精神。马可·波罗在几个世纪前到访北京时曾写道：“任何辞藻都不足以描述它的完美。”今天，我们的感受依然如此。

陈晓卿
用美食记录城市

纪录片导演陈晓卿，作品包括《舌尖上的中国》《风味人间》及奈飞（Netflix）热门系列《风味原产地》，展现了中国丰富多彩的烹饪传统及饮食文化。

世界人民大团结万岁

记忆中的北京变迁

1982 年，我 17 岁，从家乡安徽第一次来北京，入读北京广播学院（现中国传媒大学）。当时我身边学习好的同学大多报考了上海的学校，如复旦、同济、交大等，我和大家不太一样，我特别想去北京。在我心目中，首都是一个大气、开阔的地方。我对北京充满了好奇。

刚到北京火车站，未及多看，马上就被接站的高年级同学带上校车。我们路过了现在的国贸中心所在地，当时叫“大北窑”。我还清楚记得，空气中弥漫着一股特殊的酒糟发酵的味道。我后来才知道，原来这里就是北京的明星产品之一红星二锅头的生产地——北京酿造总厂。校车“咯噔”一下，驶过了一条铁道，我想怎么都过铁道了呢?学校该到了吧……可是并没有；然后又过了第二条铁道……我快绝望的时候，终于在北京东边靠近通县（即今天的通州区）一个叫“定福庄”的地方，看到一个小校园在等着我。

到了学校，我几乎是放下行李就立即奔向天安门。过去在电影里看到的天安门都特别雄伟，可是坐着“大一路”公交车到了天安门，我还有点纳闷：怎么现场感受跟电视镜头里比有些不一样?也不放光啊!没想到，从那时起，我在北京一待就是 38 年。

进了大学，立即感到身边的世界发生了变化：学校里有外教，时髦的师哥师姐唱着卡朋特的歌……那时候北京最洋气的涉外建筑就是建国门附近的国际俱乐部，有时候会有周末舞会。

我上大三那一年，一位好友的姐夫来北京出差，因为好友当天有课，我代为接待。他的姐夫是从保定来的一位干部。我把他从北京站接出来，然后一起乘坐公交车，我们首先看到了国际饭店，然后又看到了“巧克力”大厦（中信总公司原址国际大厦）。他非常激动，在公交车上高声说道：“这才是改革开放!你看看这些高楼，这才是一个社会的发展!”他一番发自肺腑的感慨，让我也猛然意识到，北京确实发生了巨大的变化。

我学的是摄影，老师经常给我们布置作业，就是用镜头表达北京。那时候我和很多同学一样，也喜欢以苏联式“十大建筑”中的某一幢作为拍摄对象，例如民族文化宫、北京展览馆这些老建筑，它们的外立面在阳光下光影交错，让人感觉特别舒服。我们最喜欢以北京古观象台为前景，以建国门一带的外交公寓为背景，一前一后，一老一新，寓意北京这样一个充满历史积淀的城市开始融入一个现代化的世界。

记得有一次，我们的作业是拍钟鼓楼，最后我得了一个比较高的分数，我拍的是在北滨河公园里两个遛鸟的老人，背景是钟鼓楼。有了钟鼓楼，老北京的味道更浓了些。北京的美丽与魅力就体现在这古老与现代兼容并蓄的氛围里。

对页图：北京是一个大气、开阔的城市，图为 1980 年天安门广场骑自行车的路人。
第 194—195 页图：1992 年北京街景。这座不断发展的城市充满了吸引力，令人向往。

BEIJING
2691
111
途经
王府井
故宫
景山

2625

美食里的老北京与新北京

如果说建筑是从外在开始了解一个城市的话，对城市气质及其内在肌里的了解则是从它的饮食文化开始的。

其实我对饮食的热爱也有一个变化的过程。我最早来北京的时候，根本吃不习惯。我记得每到中秋节，学校会统一发月饼给大家。每次拿到月饼，我就纳闷：月饼怎么那么硬呢?那完全是防身用的，根本不是吃的。于是大家给月饼编了很多段子：北京的月饼被汽车压到柏油路里，最后是北京的油条把月饼给撬起来……那时候有很多这样的笑话，所以起初我对北京吃的东西根本不感兴趣。

然而，一切的变化发生在我看了梁实秋著作《雅舍谈吃》之后。读了这本书，我才知道看似寻常的美食背后有这么多的温情，于是我自此开始寻找地道的老北京小吃炒肝、灌肠、炸丸子、豌豆黄…… 我发现自己慢慢开始了解北京：北京人为什么会这么生活，为什么对自己的要求特别少，又特别达观，乐天知命。身边的北京人大多很从容，而且很大度，开得起玩笑，既会调侃别人，也有拿自己“开涮”的勇气和胸襟。

关于吃，我还有一个发现，那就是老北京人更在意吃的仪式和讲究。比如我身边的一位“老北京”，会在立春这一天，不惜脚力穿过大半个北京城去买某种特定的莲花白酒，以及地道京味菜里的“四干果”“八大件”。虽然北京菜没那么精致，但是仪式化的东西非常多。

老北京人在吃的某些方面也较真儿得可爱，比如北京人爱吃的炸酱面。我发现身边的北京人似乎每个人都有自己的“独家秘籍”，他们从小吃的炸酱是什么味道，长大后就会认为这个味道就是炸酱的“唯一真理”，其他的做法都是“异端邪说”。除了炸酱，还有在立春这一天“老北京”要吃的春饼。春饼里到底加几样菜，是 7 样还是 13 样?这是一个在网络上引起了巨大争议的话题。咱先不说菜好吃与否，吃北京菜的门槛在全国那是相当高的。

与此同时，随着大量新北京人的加入，来自全国各地的各种菜系都涌入了北京，悄然改变着北京的饮食格局。我喜欢北京其中的一个方面就是北京人在饮食上不是特别挑剔，相对来说上海人很挑剔；北京人对价格也不是十分敏感，相对来说广州人就会特别敏感；北京人对味型要求也不是特别严，四川人要求的就会特别多。淡一点、咸一点、辣一点、酸一点，其实北京人都能接受。这和北京的城市性格是一样的，相对比较宽容。全国各地的菜，甚至世界各地的菜到这儿，基本上都能保持一个大模样，比如川菜到了北京，还是跟在成都一样味道生猛。

老北京铜锅涮肉和烤鸭是北京最具代表性的菜肴，人们对城市历史和气质的理解往往是从饮食文化开始的。
第 198–199 页图：北京人极为典型的一顿饭，看似寻常的美食背后有很多温情。

“我发现自己慢慢开始了解北京：北京人为什么会这么生活，为什么对自己的要求特别少，又特别达观，乐天知命。身边的北京人大多很从容，而且很大度，开得起玩笑，既会调侃别人，也有拿自己‘开涮’的勇气和胸襟。”

陈晓卿

对页图：遛鸟是老北京人的一种传统消遣方式。画面中是一位卖鸟笼的大爷。

淮扬美食课堂

以食物为媒介

提到我拍摄的《舌尖上的中国》第一、第二季，媒体喜欢报道它破了什么纪录，拿了什么奖，包括2019年奈飞买下了《风味原产地·潮汕》的全球版权。其实，获奖与否对我来说已经无感了，我知道我做的是一个特别漫长的事情。人是靠食物来交流的——语言需要翻译，而食物真的不需要翻译。它是我们消解仇恨、增加沟通的一个最好的渠道。

有一年春节，我去美国开会。纽约中央公园旁边有一家米其林餐厅，我问当地的朋友能不能预订到位置，朋友说："这里需要提前很久预订，临时去很难订到座位，我去试一下。"过了一会儿，他回来说："你面子真大，他们同意接待你。因为得知你是《风味原产地》的制片人。"我的这位朋友后来跟我感慨："老陈，你做的事情是用食物做了一次文化沟通。"

后来《时代周刊》采访我，标题就是《他们用食物让世界更加了解中国》。我觉得这是一个很深的话题，实际上，生活在这个星球上的人本来是一家人，这个世界本不应该被如此撕裂。

在拍《舌尖上的中国》第一季的时候，我还结识了一位特别的厨师——时任北京中国大饭店夏宫中餐行政副总厨侯新庆师傅。我见侯师傅的第一面，觉得他是一个脾气温和、长得又帅，又很有坚持的人。在《舌尖上的中国》第一季，以及后来的《风味人间》，我都把侯师傅的故事拍了进去，他也是我唯一拍过两次的厨师，是我非常钦佩的人。如果单从口味这个角度来讲，我认为没有人能出其右，在这方面他是有天赋的。

如果让我用一道菜品来形容心目中的香格里拉，我想它应该就像淮扬菜那种温和、有坚持的品质。香格里拉奉行的亚洲式待客之道也是让我感到很舒服的地方，很多细节处理得很好。香格里拉的人很精明，也很温暖，而且不张扬，跟侯师傅的性格很像。

对页图：参加节目拍摄的侯新庆师傅，现任香格里拉集团区域中餐行政总厨，他制作的淮扬菜曾多次出现在陈晓卿拍摄的纪录片里。

我的香格里拉时刻：大隐隐于朝

北京于我的意义，更在于一些人的存在。一些有趣的人在这里，我的生活圈子在这里，可能它对我来说更像一个港湾，有安全感。人和人之间的距离感我也很喜欢，我不喜欢特别热情的地方，也不喜欢特别冷漠的地方。而北京，刚刚好。

不忙的时候，我喜欢和好友们一聚。聚餐之地绝大多数是由我来选的。好吃是第一位的，第二位就是得让我们能待得特别晚，不烦我们也不赶我们走才行。以往，如果有空闲，我是个偏“独”的人，喜欢去爬个野山，在人迹罕至之地，想想事情或是纯粹放空自己。现在，我更喜欢热闹一些，好友们带来的尘世间的温暖，也是北京这个城市带给我的感觉。

我心目中对“香格里拉时刻”的描绘，并不在远方，而是在熙熙攘攘的城市里。其实我还是更喜欢城市生活，在特别繁华的都市里摩肩接踵的人群中能够找到一种平静，这可能才是我心里的香格里拉时刻。北京这个城市的神奇之处也许正是在于这种“大隐隐于朝”之感。

贯穿北京市中心的长安街，车水马龙，川流不息。

CITIC
建国门外大街（东二环 建国门桥）
JIANGUOMEN Outer St
东三环
E.3rd Ring Rd
（双井桥）
东三环
E.3rd Ring Rd
（京广桥）
东三环辅路
Side Rd of E.3rd Ring Rd
东三环辅路
Side Rd of E.3rd Ring Rd
双井桥
SHUANGJING Bridge
国贸桥
光华桥
GUANGHUA Bridge
728

郎朗

我永远的“主场”

郎朗是中国著名钢琴演奏家。他以精湛的表演和对古典音乐的现代诠释而成为国际舞台上的钢琴巨星。

梦开始的地方

我第一次来北京的时候只有 8 岁。那一次是我去太原参加全国首届儿童钢琴比赛，中途在北京待了两天，家人带我去爬了万里长城，我至今还保留着那张头戴小学生黄色安全帽坐在长城上的照片，这是我对北京初次的美好记忆。

第二年，也就是 1991 年，我正式来到北京。父亲辞去他在沈阳的警察工作，陪我来北京备考中央音乐学院附小。这一次来北京的心情和第一次完全不一样，感觉压力好大。另外，因为我妈妈留在沈阳工作，没法陪我们来北京，我想念我的朋友，更想念我妈妈。

当年，我们租住在丰台区的一套居民房里，那时算比较偏僻的地方。对我这个只有 9 岁的孩子来说，初入北京的那半年的确不容易，但回忆起来，我的那些街坊邻居给了我很多温暖。虽然有些邻居觉得我每天练琴很吵，但他们对我们父子俩都挺支持的。我们和大家相处得非常好，有时候我弹琴弹得很晚，他们也不介意，反倒做碗鸡汤送给我们。我经常会想起楼里那些老邻居们，非常留恋那时候的生活氛围，因为真的很有人情味。

我的日常生活就是上学、练琴。空闲时，我喜欢去附近的陶然亭公园玩。周末如果琴练得比较好，爸爸会带我去稍远的地方闲逛。我最喜欢去胡同里玩，那里有很多手艺人，捏小泥人的、做糖葫芦的，还有舞剑的，小孩都在那踢毽子，一片生机。当时超市还很少见，卖小杂货的地摊，以及小吃街之类的特别多。我也喜欢老北京的小吃，灌肠、鸡肉串、油条、甜油饼。每天上学我爸会骑车带我穿过牛街回民区，牛羊肉的气味扑面而来，非常有生活气息。

从我的学业来讲，我在北京最初的经历不是太顺利，求师遇挫，有半年时间心情都是灰暗的。不过自从考上中央音乐学院附小以后，感觉终于走上“正道”了，好像我的生活一下子就变得积极向上，每天都过得很愉快。在北京，全国各地的人都汇聚到这里寻找梦想，并为自己的梦想打拼。当年只有 9 岁的我，就是这成千上万来北京的“寻梦者”之一。

对页图：万里长城是郎朗对北京的初次记忆。图为一家人在爬慕田峪长城。

对页图：街坊大妈聊家常。
胡同里充满了生活气息，孩子们在尽情玩耍。

激情绽放

有人问我，我在演奏音乐时的激情是从哪里来的。其实，我性格就比较热情，但更多的激情来自音乐本身。音乐给了我很多生活中不能完全体验到的喜悦，是那种爆发的、不断的涌动感，特别有劲儿，它在推着你，让你一直去想非常有趣的创意。它创造出很多对美好生活的向往，让人充满积极性。我感觉音乐融入我的血液，我很喜欢这个过程。

1997 年，我如愿考入位于美国费城的柯蒂斯音乐学院，离开生活了 6 年的北京赴美学习。2001 年，我的钢琴音乐生涯迎来了一个非常关键的时间点——跟随费城交响乐团来中国演出。坦率地说，那次回国，我的情感有点复杂：一方面，我回到了一个让我非常思念的城市；但另一方面，我离开北京 4 年了，期间没有参加过任何音乐会，我担心老乐迷已经把我遗忘了，新乐迷又不知道我是谁。总而言之，演出之前我非常紧张。

最终，整场演出还是挺顺利的，我记得音乐会结束后，我应观众要求又加演一曲，当弹起《浏阳河》的时候，全场反应特别强烈。我感受到大家以热情的姿态欢迎我回归祖国举办的第一场音乐会。最重要的是，那场演出是在人民大会堂举办的，这更让我感慨万千。曾经的我就坐在舞台下面，作为一名普通观众观看大师们的现场演出。谁会料到几年之后，我以一名青年钢琴家的身份登上了人民大会堂的舞台，激动的心情难以言表。

2002 年，是我音乐生涯中又一个非常重要的年份：我参加了纽约爱乐乐团的亚洲巡演。这是指挥大师洛林 · 马泽尔出任总监的首个巡演，其重要性不言而喻。北京这一站，又恰逢北京国际音乐节。这一次，我和余隆指挥合作，演奏了拉赫马尼诺夫的《第二钢琴协奏曲》，这首作品非常能发挥我的“技术流”特点，把我心里的激情和手上的技术表现得淋漓尽致。

回想起来，那一年，中国人整体的心气儿更足了。我们喜事连连，不仅申奥成功，加入 WTO，国足还第一次进入世界杯。我感觉北京的建设突然一下就变了，很多老房子在拆，新房子在建，北京一下子变成了一个巨大的工地，整个城市有一种特别有力量的感觉。我赶上了一个非常好的时候，在这个节点，北京的腾飞和我的音乐生涯爆发在同一个时期，我和国家一起在奋力向前走。

我个人事业的顶峰无疑是在 2008 年北京奥运会开幕式上。那是北京第一次举办这么大规模、这么高级别的世界性活动，我记得有 100 多位国家首脑参加了开幕式。

2008 年 8 月 8 日，北京奥运开幕式那一天，是我人生的高光时刻。我在世界级的舞台上，为全球 40 亿观众演奏了一曲《星光》。刚演奏完的那一刻，我的手机就“爆”了——因为涌进来了太多来自国内外友人们的祝贺信息，我的手机一下就“瘫痪”了，直到第二天才恢复正常。那种关注让我头一次意识到什么是“全世界”，全世界都在看中国。我能在这样一个重要的场合演奏，真的太幸运了。那次以后，我对北京的感觉更不一样了，我的人生和北京真正成为一体，我们是命运的共同体。

对我来说，北京就是我的“主场”，这座城市是我腾飞的地方，人生很多最重要的节点就是在这里发生的。北京对于我的人生来讲，其意义与地位是不可替代的。

对页图：2008 年，北京奥运会志愿者正在庆祝新年，这场体育盛事让北京登上了世界舞台的中心。

地道北京

这些年来，我在全球很多大城市生活、工作过，但始终感觉北京有着自己鲜明而独特的魅力。我特别喜欢天坛，尤其是里面的回音壁，站在那儿有一种跟上天对话的感觉。我也非常喜欢国家大剧院和有国际大都市范儿的 CBD。北京最大的优点就是，无论现代的还是传统的，什么风格的建筑都有。这正是我喜欢北京的一个理由，它一方面非常国际化，有一些非常酷的建筑，以前你都不能想象会出现在北京；另一方面，北京自己的“味道”也保持得不错。

在北京生活多年，我也有很多北京的好朋友，我特别喜欢和他们聊天。北京人因为见多识广，所以有一种自信的范儿，说话有底气。另外，北京人讲话头头是道，讲故事的水平很高，别人也愿意听，我猜想这一点可能跟北京人的口音有关系——北京人说话，让人感觉像嘴里含着颗糖，说话很有礼貌又很甜：“吃了吗您？”人情味足，有态度，很自信，这就是我眼中的北京人。

我有一些朋友住在小四合院里，碰上比较空闲的日子，我愿意约上他们喝喝茶，侃侃大山——我爱跟北京朋友侃大山，非常有意思。东北人和北京人一起，绝对火花四射，侃上两天都没问题。我的外国朋友来北京，有时候我会带他们去四合院体验一把：拎着一个灯笼，往前走一段，路过一个小池塘…… 他们感觉一下子穿越到了 300 年前的中国，特别兴奋。

要说北京最有特色的地方，那还是王府井，这也是我小时候常来玩的地方。我和吉娜准备结婚时，就特地去王府井商场买了一套地道的中国式“龙凤呈祥”大红色被面。吉娜也很喜欢北京。我第一次带她来中国时，她第二天就去了长城，天坛、颐和园这些地方她都非常喜欢。她也和北京女孩儿一样，喜欢逛南锣鼓巷和那些小胡同，喜欢中国的民族服饰，还喜欢旗袍。

总体来讲，北京人的视野似乎更开阔。例如，全世界顶级的乐团几乎都在国家大剧院演出过，让大家见识到了不同的音乐品位和艺术格局。除了古典音乐，北京现代艺术的圈子也是越来越出色，这么多非常优秀的、非常有创意的新生代艺术家每天都迸发出无限的潜力。年轻人喜欢去的三里屯和 798，很多角落看似不起眼，但进去后会发现又是一方天地，很有味道。

如果用音乐来表达北京，我觉得京剧有很多段落其实挺适合的——我在看京剧时，虽然不一定每个词都能听懂，却能感觉到那种灵魂深处的共鸣，它是原汁原味的“北京味道”。

对页图：一位京剧演员正在为登台做准备，京剧是原汁原味的“北京味道”。

北京是一座既传统又现代的城市，图为从西总布胡同眺望中国国际贸易中心。
对页图：天坛。

“北京人因为见多识广，所以有一种自信的范儿，说话有底气。另外，北京人讲话头头是道，讲故事的水平很高，别人也愿意听，我猜想这一点可能跟北京人的口音有关系——北京人说话，让人感觉像嘴里含着颗糖，说话很有礼貌又很甜：‘吃了吗您？’人情味足，有态度，很自信，这就是我眼中的北京人。”

郎朗

对页图：路人们围观老北京手艺“吹糖人”的制作过程。

我的香格里拉时刻：特别的缘分

在我 20 年的国际巡演生涯里，很多城市的香格里拉我都住过。奇妙的是，我特别喜欢香格里拉那种特殊的香氛，我也很喜欢吃“香宫”的中餐。在国外，如果想吃可口的中国菜，必须得来香格里拉——因为我有一个“中国胃”。我发现，不管是哪家香格里拉，早点肯定都有馄饨、烧麦等，这对我很重要。

我和香格里拉还有一段特别的缘分。2019 年，我和吉娜在巴黎凡尔赛宫举办婚礼，我们把白天的仪式放在了巴黎香格里拉。这里曾经是拿破仑的侄孙罗兰 · 波拿巴王子的府邸，酒店很漂亮，位于塞纳河边，正对着埃菲尔铁塔。我觉得这段历史渊源很棒，再加上这里有香宫，酒店的工作人员把我的朋友们都招待得很好。我很感谢他们，大家过得都很愉快。

对于“亚洲式待客之道”，我的理解是，它意味着更人性化、更有人情味的服务。我在全世界各地旅行，有些酒店很华丽、很气派，但没有那种让人很贴心的感觉；而香格里拉的服务一直非常贴心，让人感觉非常舒适，很真诚。有一些细节，比如房间装饰的元素或配备的茶点非常亚洲化，有的具有中国的特色。有时我坐下来喝着茉莉花茶，再沉浸于酒店里那种特别的香氛，那就是回家的感觉。

我心目中的“香格里拉时刻”是一个非常静谧的新世界，是一个精神上追求的美丽的梦幻一样的存在。在这个意义上，“香格里拉”是永远存在的。可能它的意蕴在每个人的心里是不一样的，但每个人心中都会有这样一方静谧之地。

对页图：世界各地的香格里拉“香宫”中餐厅都提供地道的中式美食。

曾梵志
当代艺术家的逐梦之城

曾梵志是中国当代最杰出的艺术家之一。历时 30 余年，他尝试多种不同的绘画风格与艺术形式，来探讨中国社会的情感表达。

禁吸烟

北京情结

我是一个地道的武汉人，武汉是我出生、成长的地方。我小时候就喜欢“乱涂乱画”，高中辍学去了印刷厂当工人。17 岁那年，一位朋友带我去湖北美术学院参观，我才第一次知道原来学画画也是可以上大学的，从此立下读专业美术学院的心愿，一直到 1987 年我第五次参加高考，考上了湖北美术学院油画系。

从上大学那天起，我内心就有一个想法：毕业之后一定要去北京。也许因为直觉中的北京是一个能让艺术家茁壮成长的地方。可能所有学艺术的人都梦想去北京吧，因为当时没有“职业艺术家”一说，我们都需要做一份“正经”工作，业余时间才能创作。但在北京，真的有一群人把“艺术家”当成一个职业，这是我梦寐以求的生活。

这个北京情结或许来自 1985 年的一次体验。我当时还没上大学，但已经开始画画了。我跟着几位画友一起到北京参观中国美术馆。我的第一印象是，这里很大，也很正式。我们观赏了对当时中国艺术界来说意义重大的几个展览，分别来自美国艺术家劳申伯格 (Robert Rauschenberg)、华裔画家赵无极和法国时装设计师伊夫 · 圣罗兰 (Yves Saint Laurent)。

这三个展览从不同方面对我和我的艺术伙伴们造成了很大的冲击，因为我们能接触到的美术教育都是苏联式的，对西方当代艺术的了解一半依靠印刷品，一半依靠想象。当时国内外艺术交流存在着很大的信息差，我们没有机会学习和揣摩原作，大多是看着画册上模糊的图片来猜这是怎么完成的。这当然是不准确的，以至于多年以后看到原作我们才能恍然大悟——但在当时，这种想象某种程度上倒是激发了我们的创造力，我们这一代艺术家都经历过这个阶段，其实是一个宝贵的经验。

有了这次“启蒙之旅”后，1993 年春天，在漫天飞絮中，我再次来到北京。此时，我的作品《协和三联画》获得了“90 年代中国美术（油画）双年展”优秀奖，也算是在画坛初露头角。但为了这份“北京情结”，我还是放弃了当时被很多人羡慕的“铁饭碗”，毅然来到北京，成了最早的“北漂”一族。

对页图：1985 年，在中国美术馆举办的伊夫 · 圣罗兰作品展览，对当时中国艺术界有着重要的意义。

“局外人”与“局内人”

我以每月 300 块钱的价格在三里屯租了一间房子，那也成为我在北京的第一个落脚点。当时，我大概是唯一住在那儿的外地人。没有北京户口，照理说是不允许租房子的，只能跟房东说好冒充他们老家的亲戚。每次居委会大妈上门查身份的时候，我都特别紧张。

对我来说，迁居北京并不仅仅意味着个人生活的物理空间的变化。从某种意义上讲，我的社会身份与自我认知在此过程中也发生了一种微妙的变化，而这恰好又成为我日后创作的动力和主题。

那时作为一个经常被查户口的“外地人”，每当我独自漫步在京城街头时，觉得自己就像戴了个面具，跟隐形人一样。虽然后来我的《面具》系列不能说跟北京有直接关系，但传达了当时我对周围人群的一种观察，以及一种内心孤寂的感受。

我并没有感觉很迅速地融入这个大城市。我的性格比较内向，普通话也说得不好，所以寡言少语，通常跟在一群人后面，有了更多观察别人的机会。后来我发现，其实群居生活并不适合艺术家，因为在艺术上被别人影响和影响别人都不是一件太好的事。在三里屯生活了两三年以后，我在各方面都比较适应了，有了生活规律，也有了自己的朋友。住的房子也从平房变成了公寓楼，室内有了洗手间。

这些都让我有了安全感，我才渐渐地把北京当成了“自己的”城市。

对页图：如今的三里屯汇集了众多国际品牌与本土品牌，这里是北京的时尚打卡地。
第 228–229 页图：曾梵志的《面具》系列 1995 第 7 号在尤伦斯当代艺术中心展出，该系列作品的灵感来自他早年在北京的经历。

UNIQLO

POLY AUCTION
5

向内探索与向外爆发

20 世纪 90 年代的北京，谈不上什么“艺术氛围”，画廊也非常少。我记得只有一个中央美院画廊和一个四合院画廊，但都没有形成规模，展览也都是小型的，没有观众，只有使馆的外国工作人员和艺术家的朋友来看展览，更没有“收藏家”这一说。

2000 年，我搬到了北京东边的燕郊。后来在那个工作室，我告别已经画了 10 年的《面具》，逐渐过渡到了抽象风景系列，但肖像作品的创作是一直贯穿我的创作的。因为个人经历的变化，我觉得自己不再有相同的感受和激情去重复了，我更愿意去探索内心深处真正想表达的东西。

燕郊时期，我也和其他同行一样，自 2003 年开始全程经历了中国当代艺术拍卖市场令人惊叹的井喷式增长。我身在其中，很难有一个客观的描述。只是发现艺术行业突然受到了空前关注，原来几乎没人注意到“艺术家”这个群体，那时候突然来到了聚光灯下，变成了受人羡慕的对象。

与其说看到机会，不如说更多是在适应变化。对我来说，这一切都可以归为两个字——“体验”。艺术家需要体验，体验之后才能发现自己到底适合什么，喜欢什么，什么感受非常荒诞，但对创作有益。

2007 年 12 月，我把工作室搬到了首都机场附近的草场地。这里是一个闻名遐迩的创意聚集地，来自五湖四海、风格迥异的艺术家们在此追逐梦想。

草场地工作室的层高和光线都达到了非常理想的条件，我可以有更充分的场地创作大型作品。在工作室外，我还设计了一个院子，四季有不同的植物，在那里待多久都不会厌倦。也许可以说，工作室的搬迁也反映了我越来越向内探索自我的过程。

对页图：2007 年，北京保利国际春季拍卖会上的电话竞拍。
进入 21 世纪，中国当代艺术拍卖市场迎来井喷式增长。

自我超越

我没有想到的是接下来会遇到一个当代艺术狂飙突进的时刻，我的作品在市场上获得了大量的关注。作为亲身经历者，我无法定义这件事。说实话，拍卖成绩对我个人的影响始终没有那么大，成绩好了确实挺高兴，但这种高兴很快就会消散，并不会像画出了好画让我那么激动。

2013 年 10 月 18 日，我在巴黎市立现代美术馆开设个展，其中最受瞩目的作品是《最后的晚餐》。那个展览让我受到很多启发，无论是对绘画本身，还是对展览这件事，跟观众的交流也非常让人感慨，他们十分专业。

让我难忘的还有 2014 年的 10 月 22 日，我致敬德拉克洛瓦《自由引导人民》的抽象风景画《从 1830 年至今》在卢浮宫德依厅展出。这是卢浮宫的一个特别项目，首次邀请当代艺术家的作品进入德依厅，以帮助观众更好地认识经典作品。这是一个有趣的项目。当我的作品摆在德拉克洛瓦作品旁边的时候，我挺激动的，感觉自己就像一个“扫地僧”站到了大师边上。

对页图：北京是一个艺术发展繁荣的城市，吸引着世界各地的艺术家和艺术爱好者。
图为曾梵志作品《无题》（2007 年，油彩画布，215 × 330 cm）。

城市之恋

在北京生活和工作快 30 年了，对我来说，变和不变，最大的因素就是“人”。一方面，随着北京的快速发展，我渐渐发现，像我一样选择来北京逐梦的外地人越来越多，而我自己也不会再那么容易有“外乡人”的感觉。但另一方面，“老北京”骨子里那种淡然和开放的气质还是没有变。在这里，你可以成为任何你想成为的样子，不会有人对你另眼相看，也不会有人来干涉你，这也是北京令我眷恋之处。

如果要展现城市的变迁，我还是会想起三里屯——我初来的时候，那里基本只有大使馆，阳光树影，空旷而安静，我每天要去一个公用电话亭旁边的小木屋买一张报纸，那是我记忆中北京最美的样子。而现在，三里屯变成了全北京最热闹的年轻人聚集的时尚之地，这是完全没想到的。

北京常被网友们称为“帝都”，我倒是觉得“帝都”可能更是指一种中正的气质，就像这里的房子也是方方正正的，在北京的人不那么在意表面的东西，而是比较注重内涵。

现在的北京对我来说代表着平淡且重要的日常生活。每天的流程已经成为我的习惯，我也有了自己的一片天地。早晨，在我的工作室，阳光照进来，喝杯咖啡，逗逗我的猫，这是一种踏实而满足的感觉。我的创作灵感常源于自己的视觉经验以及一些生活感受，在观察自然中得到启发，从中体会到气韵，然后把它们转化成绘画语言呈现出来。

如果向热爱艺术的朋友们推荐北京最具代表性的艺术中心，被大家公认的是位于大山子的 798 艺术区，这里原为国营电子工业的老厂区所在地，如今是北京艺术文化的地标，你可以在各式各样的画廊、商店和咖啡馆里待上一天。另外，距离 798 艺术区 1 公里的草场地也汇聚了上百家画廊、艺术机构和艺术家工作室。其实，我觉得在哪里并不重要，关键还是要看展览或艺术项目本身是否值得看，艺术家的创作是否优秀。

对页图：国营电子工业老厂区改造成的 798 艺术区，成为北京的艺术地标。
第 236–237 页图：798 艺术区汇集了各式画廊、商店和咖啡馆，在这里可以待上一天。
图为一位正在阅读的展览参观者。

前门一号
前门二号
BEIJING 2022
国潮前门
京A·D9800

“北京常被网友们称为‘帝都’，我倒是觉得‘帝都’可能更是指一种中正的气质，就像这里的房子也是方方正正的，在北京的人不那么在意表面的东西，而是比较注重内涵。”

曾梵志

对页图：前门大街是坐落于北京中轴线上的一条传统商业街。

我的香格里拉时刻：世外桃源

我与香格里拉的缘分最初是经一位朋友介绍的，我在香港见到了郭鹤年先生，他提到上海静安香格里拉是他亲自参与的项目，希望我为此创作一幅作品，他把位置和尺寸都预留好了。我觉得十分荣幸，经过思考以后，创作了那幅名为《无题》的作品，如今陈列在上海静安香格里拉的大堂中央。此外，杭州城中香格里拉和伦敦香格里拉也有我的作品。

香格里拉是我在全世界出差时住得最多的酒店，尤其是在去香港和回武汉的时候。它的理念跟我个人的艺术理念有一些接近的地方，所以这种融入也是自然而然发生的。对于“亚洲式待客之道”的理解，我想，大多数亚洲人都会希望把最好的东西留给自己的客人，让他们感受到自己的热忱和心意，希望别人自在和高兴。这是一种真诚、细致和实在的待客之道，我觉得好的服务也要这样，需要真心地站在别人的角度思考，而不是流于形式。

2013 年在巴黎开展期间，我和团队的所有工作人员都住在香格里拉，每天步行去展场做准备。前台的服务员都是年轻小伙子，不但给我们推荐周边好吃的餐厅，聊天时还告诉我们他们全都去看了展览，交流了他们对艺术的想法，感性、真诚、坦率。这样的时刻让人感到满足和愉悦。

我们之所以对“世外桃源”念念不忘，是因为在那个世界里每个人平等、友好，又怡然自得，我觉得开心的人生时刻都有着这样的气氛——这就是我心目中的“香格里拉时刻”。可能“世外桃源”这几个字听起来遥不可及，但在生活中，我们尽可能地营造出一个平等、和睦的环境，对很多事情抱有善意和好奇心，这就是一种非常理想的境界。

对页图：颐和园里一个宁静的早晨。

Shanghai
上海

探索上海

无论多少次到访上海，只要你漫步外滩，一定会被一江两岸的万国建筑群与城市天际线所震撼。沿路排列着气势宏伟的19世纪风格欧式洋行，它们眺望着黄浦江对岸——那片由无数钢筋和玻璃幕墙筑成的幻梦一般的浦东陆家嘴金融区。过去与未来连接，东方与西方交融，幻境变为现实。眼前的一切可能让你难以置信，不禁由衷感叹是什么让中国的“魔都”如此迷人。这座国际都市的飞速发展不断刷新着人们的认知。

上海从一个小渔村起步，成为繁忙的国际港口。自20世纪90年代起，它的发展突飞猛进，如今已成为现代中国经济腾飞的引擎，是中国向世界开放的象征。曾经远赴他乡寻求职业发展的本地人回归故里，全国各地的人才纷至沓来，众多国际投资者汇聚于此，共同把这里变成商业发展与革新的热土——新兴企业相继入驻，文化与艺术也在不断传承与创新。多层次的历史肌理和2400万居民的生活故事使上海焕发出最迷人的魅力，在这里发生的一切比五光十色的万花筒更加多姿多彩。不要试图抵抗上海的热情与喧嚣，那是徒劳的。只管尽情享受这里充满活力的文化大融合，你会发现这场沉浸式的感知盛宴与世界的其他地方相比较有多么与众不同。

这里的每一天都超乎想象的精彩。早晨，信步穿过豫园的湖心亭和蜿蜒的九曲桥，在老石库门改造而成的咖啡馆、餐厅、商店聚集地——新天地或田子坊一边享用早午餐，一边欣赏上海独有的百年闻名的海派风格建筑。下午，你可以在树木成荫的小街道上闲逛，在那里，昔日租界里的都铎式别墅早已变成前卫的精品店和时尚的酒吧。接着，你可以乘坐高速电梯登上世界第二高楼、具有螺旋式外观的上海中心观景台，从云端饱览世界级商业中心的迷人风光。晚上，你可以在弄堂里吃到粢饭糕和小笼包，或是去创意米其林餐厅享用一顿奢华大餐——这里是上海，你也可以享受到合二为一的美食体验。当天色渐晚，霓虹灯点亮高楼大厦，你可以挤进一间爵士乐酒吧，或是到上海装饰主义建筑代表“百乐门”跳个舞，瞬间穿越回老上海的摩登时刻。在不知不觉中，度过夜生活的精彩时光，留下难忘的笑颜，你终于体会到为什么很多人都会自豪地以上海为家。

上海是国际公认的金融中心，豪华轿车与奢侈品商店随处可见。浦东，30年前还只是一片农田，如今更像一块磁石，吸引着国际投资者和创新企业蜂拥而至。近些年，上海在现代艺术方面同样崭露头角，通过举办像ART021当代艺术博览会这样的年度盛会成为亚洲艺术中心。外滩沿岸的老建筑曾为工业发展让路，而今，这些厂房又被改造成文化艺术展示与交流的空间，其中包括上海当代艺术博物馆，它是中国大陆第一家公立当代艺术博物馆，也是上海双年展的所在地；余德耀美术馆则将当代艺术置身于原先的飞机库内；龙美术馆西岸馆的前身是一个煤仓，现成为中国极具规模的私立美术馆。在上海，像这样的地方有很多。当你身处这座日新月异的城市，会有一种非常美妙的感受。

梁建章
海纳百川之城

梁建章创办了全球领先的旅行平台——携程集团，汇集了中国及国际旅行品牌。他在 20 多年间为亚洲旅游业的面貌带来了改变，并推动了旅行方式的创新。

安全来自警惕
事故出自麻痹

弄堂里的故乡情

我是地道的上海人，在19岁出国读书之前，我的全部生活，从小学、中学到大学都在上海，所以对上海是特别有感情的。我记忆中的20世纪70年代，国家实行改革开放，国门刚刚打开，当时上海的市容并没有太大的变化，和照片里的老上海差不太多。

我对少时上海的记忆是“近”。我家住在市中心的静安区，幼儿园离家只有200米远；小学与我家的距离是800米；中学“远”了一点，有1000多米。同学们也住得非常近，放学后跟着一群同学一起走路回家，或者顺便到同学家里做作业，然后一起玩，直到天黑才回家吃饭。想起来真是挺美好的回忆。

儿时记忆里，另一个印象深刻的地方就是弄堂。如果说老北京的符号是胡同，那么老上海的符号就是弄堂。不上学的时间里，我和小朋友们就在弄堂里玩各种游戏——抓人、捉迷藏，还会在没有红绿灯的弄堂里骑车穿行，这培养了我的方向感和空间感。现在的弄堂肯定没有那么四通八达，因为上海已经发展成一个现代都市，有很多弄堂被拆掉了，或是跟大马路连在一起了，但你还是可以漫步其中，找到一种回到过去的感觉。

其实，那时候大马路上难得见到小汽车，连公共汽车都少见，不存在堵车情况。主要的交通问题是自行车跟公共汽车抢道。我后来到复旦大学读书——现在说起来，复旦大学所在的杨浦一带也是市中心，但当时在上海本地人的概念里，那里已经算郊区了——主要交通工具是自行车，从家里到学校差不多一个小时，校园里也是骑自行车。我还蛮怀念那种自由自在、通行无阻的感觉。

对页图：在弄堂骑车的女孩。
第250–251页图：在天台吃饭的一家人。

城市蜕变

1983 年，我进入复旦大学第一届少年班读书时，我是班里年龄最小的学生，只有 14 岁，我的同学来自全国各地。回想起来，20 世纪 80 年代确实是对我们思想冲击最大的时期。首先，西方近百年积淀下来的一些经典思想和理论在短时间内一下子涌进来，跨度确实比较大。其次，那时候世界的变化也非常大。比如那时我们学经济学，还是把苏联模式跟美国模式放在一起比较，可是没过几年，苏联解体了。那时候各种观点都在碰撞，思路和视野都比较开阔。

上大学时，我的想法简单、明确：因为我很小就对计算机感兴趣，最先进的计算机技术肯定在美国，最好的公司也在美国，所以我要去美国进一步深造。

初到美国，我先是在佐治亚大学学习，后来去了斯坦福大学。我被美国城市那种开阔感所震撼：空间特别大，房子特别漂亮，开车特别爽。相较于上海这个密度非常高的社会，我感觉对比很强烈。那个时候觉得美国社会是一种理想的社会状态，我想，当时很多去到美国的中国人都会有这样的感觉，不像现在，这样的感觉好像是倒过来了。

学业完成之后，我顺理成章地在科技公司找到了工作。当时我所在的甲骨文（Oracle）公司在中国的业务发展得不错，让我从不同的角度看到祖国正不断发生变化。后来我决定回国创业，首先，大背景是中国的经济在起飞，我想中国的机会更大；其次，因为父母希望我能回来。

坦率地讲，我刚回上海的时候，体验并不是很好。从 20 世纪 90 年代开始一直到 2010 年前后，这 20 年时间，上海基本上处于建设状态，到处是工地，但从另一个层面上说，这也确实代表了一种欣欣向荣的发展状态。

在我印象里，直到 2010 年上海世博会举办前后，这一轮的城市建设才初告一个段落。给我的感觉是，上海一下子变成了世界上最美、最好的城市之一。这就是今天的上海，仍然在发展，但已经有了翻天覆地的变化。这得益于它海纳百川的胸怀，也归功于政府强大的规划远见。

对页图：20 世纪 80 年代上海南京路街景。
第 254—255 页图：1997 年，鸟瞰浦东陆家嘴。

5616-029

NEC
开利空调
KONKA

“在我印象里，直到 2010 年上海世博会举办前后，这一轮城市的建设才初告一个段落。给我的感觉是，上海一下子变成了世界上最美、最好的城市之一。这就是今天的上海，仍然在发展，但已经有了翻天覆地的变化。这得益于它海纳百川的胸怀，也归功于政府强大的规划远见。”

梁建章

对页图：上海世博会中国馆。
第 258–259 页图：2021 年，浦东陆家嘴全景。

难以复制的城市体验

我之所以说上海现在拥有世界上最好的一个中心城区，是因为它以其独特的历史资源给人以一种极佳的城市体验，这在其他城市是难以复制的。上海保留的那些老建筑是在 20 世纪二三十年代建设的，那个时候的上海也是一座繁华的大都市。今天，这些老建筑配以最现代化的地铁和其他城市设施，因此，这里既有 100 年前的好东西，也有最现代化的新事物；既有传统的老居民区，又有现代的公寓和新来的人口，世界各地的美食、文化、戏剧和表演都汇集在一个方圆几公里的街区里了。

上海近些年涌现出很多翻新的老建筑。它们基本上保留以前的外形、结构与社区功能，但里面被改造成不同的用途，比如之前是大型工厂，现在被改造成博物馆、展览馆和剧院。这也是“新上海”的一个特色。

去上海的老城步行一天，也是一种独特的体验。从静安区到徐汇区，这里面有太多好玩的地方可以逛，比如新天地、外滩、豫园。思南路这一带还有专门的观光路线，可以请导游带着你逛一逛，介绍沿路众多的历史文化名人故居、老建筑等；你也可以边逛边品尝上海小吃和本帮菜，有些餐馆开在花园洋房里，环境极佳。

如果让我选择用一张照片来表达上海，那么这张照片肯定是黄浦江的夜景。在我眼里，上海最美的一面就是黄浦江的城市江景。坐船夜游上海是一条值得推荐的线路，你可以在船上欣赏黄浦江两岸的外滩景色和陆家嘴的景色。

对页图：外国游客在新天地的咖啡馆，这里是由老石库门建筑改造而成的热门打卡地。
第 262–263 页图：西岸艺术与设计博览会。

The Coffee Bean & Tea Leaf

Galerie Urs Meile
麦勒画廊
A118
A119

neugerriemschneider
纽格赫姆施耐德
A109
A108
A107

创业之地

我于 1999 年回国后开始创办携程，这是一次在美国出游时萌生的想法。我发现他们的自驾游产业已经发展得比较成熟了。那时候虽然没有互联网旅游产品，但游客可以拿着旅游指南上路。书里会告诉你一些攻略，上面也有电话可以去订酒店。但在中国，人们需要依靠旅行社来帮助安排旅行。

我那时的想法是，至少可以做到像美国一样的旅游产品。等到互联网发展起来以后，我更加觉得这是一个打造互联网旅游产品的好机会。当时大部分互联网公司选择在北京落地，留在上海的没有那么多。但我后来发现，做服务业，选择上海其实蛮好的。上海的服务精细程度比较高，这也是我们早期成功的原因之一。比如客人给我们的反馈是：与其他公司相比，在我们公司的体验，无论从可靠程度、周到程度，还是亲切程度都更好一些。

热爱旅游，我认为是一个人的本能，是一种精神上的需求。我做这个行业这么久，也感觉到旅游业确实是一个不一样的产业。它不像游戏产业爆发性那么强，它比较稳定、厚重，但它又不是夕阳产业，因为未来人们对旅游的需求只会越来越大。旅游对个人的发展也有好处，能带来很多的创新思维，有很多的想法就是通过与不同的地方、不同的人、不同的文化接触和碰撞才会产生的。

对页图：1930 年建成的国泰电影院。

CATHAY
国泰电影院
CATHAY

康安壽
春江柳發歲更新

小吃店老板。对页图：上海本帮菜饭馆。
第 268—269 页图：新建筑与老房子相互映衬。

SWIRE

HSBC
Shangri-La
正大广场

我的香格里拉时刻

在 20 世纪 90 年代末我的创业期，浦东香格里拉正好开业了，它是当时陆家嘴地区最具标志性的一家豪华酒店。后来我们的很多活动都选择在那里举办。很多豪华酒店品牌都是西方的，而香格里拉的特点非常鲜明：它就是东方的，是亚洲的香格里拉。他们注重把很多中国元素放在里面，中餐厅也是很棒的。我个人感受最深的就是，一进香格里拉的大堂就被它特殊的香氛所吸引，比较符合东方人的偏好。

我住过不少地方的香格里拉，他们对自己的定位是做到全球最好的豪华品牌。我感受得到他们为了这个目标从未停止过努力。如果你去一个陌生的地方，香格里拉会是一个很安全的选择。举个例子，如果我的西方朋友到亚洲旅游，想体验当地氛围的话，我会推荐他们选择香格里拉。

什么是我心目中的“香格里拉时刻”呢?在我看来，并不是一定要置身奢华世界或长途远行，而是要达到内心的平静状态，要有一个强大的自我，这样无论你的周边环境如何，你都会实现和提升这样的感悟。

对页图：上海浦东香格里拉。

余隆
以音乐之名

全球最富声望的中国指挥家之一。他是中国爱乐乐团艺术总监兼首席指挥，上海交响乐团音乐总监，广州交响乐团音乐总监。

黄浦江边的幸福记忆

我是喝黄浦江水长大的，我对童年的回忆与大多数的上海人并无不同。在物资匮乏的年代，一切美好的记忆似乎都是与“吃”联系在一起的。春节是最热闹的，除夕夜里，孩子们的工作就是帮外婆一起推磨盘，磨出来的米浆留着包汤圆，这就是传统过年的保留节目。

小孩子最盼望的就是过年了。因为只有过年，每个孩子才有机会穿上新衣服。但是，新衣服和新鞋必须留到大年初一才能穿，我们这些小孩子在除夕之夜会兴奋得睡不着觉。

其实我是在 12 岁的时候才第一次接触到了莫扎特和古典音乐。1984 年，我考入了上海音乐学院，学习指挥和作曲。我的导师黄晓同教授对我很严格，我经常开玩笑说他是“连打带踹”把我教出来的。这一段学习经历蛮重要的，我对音乐的理解从演奏某一单一乐器的角度变成了一种立体的思考模式。

20 世纪 80 年代初，国门刚刚打开，音乐界的国际交流并不算多，美国小提琴家艾萨克 · 斯特恩及柏林爱乐乐团曾来上海演出，但我们那时候的感受没像现在这么深。当时我的想法很简单：将来如果能够指挥一个乐团、开一场音乐会，我就已经很高兴了。

我们的大学文化生活还挺丰富的。经常有外校的老师来举办讲座，讲哲学、美学，以及弗洛伊德等，为我们开阔了眼界。来自上海戏剧学院、上海音乐学院、上海外语学院的小“文青”们常聚在一起，抒发各自对未来的追求。大家一起“吹吹牛”，分享对知识的热情和渴望。

每天早上骑自行车出门到学校，感觉太阳散发出不一样的光，给我们不一样的温度。我还记得和同学们一起春游，骑自行车到市郊的淀山湖或佘山。学校每个周末都有舞会，同学之间的关系非常好。虽然和现在相比，那时候的生活节奏慢得不可思议，比如交了个女朋友，给人家写封信，贴上四分钱的邮票寄出去，最快也得 4 天以后才能收到回信。但那种期待，也是一件很甜蜜的感觉。

我认为青春期是一个人一生当中非常关键的节点，对人生的各种思考和疑问，感情经历的跌宕起伏，都会在这个关键的成长期里发生。在我的青春期里，被很多上海文化影响着，让我与上海始终保持着根深蒂固的联系。

对页图：20世纪90年代，人们在外滩跳舞。
第276–277页图：上海街头的早餐铺。

归来仍是故乡

1987 年，我远赴德国到柏林高等音乐学院留学。这是我第一次远离家乡，也是第一次出国。其过程之漫长，难以为今日年轻人所理解：我从上海坐火车去广州，然后转到深圳从罗湖过关，取道香港，再飞法兰克福。

当时，我作为留学生，只允许带 25 美元出国，而且父母还特别高兴地说："没事，你到那边下了飞机，就可以打工了，可以独立了。"大多数家长都是喜气洋洋的，觉得孩子马上就会抵达一个极乐世界。

欧洲的"外表"虽然显得朴素，但文化活动很丰富，尤其在柏林，每天晚上可以看不同的艺术表演，比如音乐会和各种各样的戏剧，这在当时的中国是难以想象的。

我刚刚毕业不久，就成为德国图林根州爱乐乐团的常驻指挥。但我与上海的牵系一直非常密切，1990 年，我回国举办了一场音乐会；1992 年，我被聘为中央歌剧院常任指挥，我也把"新年音乐会"的概念首次搬上了北京的舞台。

1998 年，我决定正式回国发展。其实再回上海，无论在身体上还是精神上我都没有丝毫的隔阂之感。因为上海就是我的家乡，所以我很自然地就进入了状态——你不会感觉回到自己的家里是不舒服的，它怎么样都让你感觉舒服。

对页图：老城厢日落。
第 280–281 页图：梧桐树下的复兴中路。

鳳祥銀樓
单行道

上海的文化名片

1994 年 4 月，我应上海交响乐团邀请，在上海音乐厅指挥演奏了门德尔松《第三交响曲》和埃尔加《谜语变奏曲》等作品。这是我首次执棒上海交响乐团，也是日后我与“上交”更为密切合作的起点。

从某种角度上说，上海交响乐团的历史也是上海百年历史变迁的一个侧面和缩影。1879 年，上海交响乐团的前身——上海工部局公共乐队成立，主要面向的观众为生活在租界中的欧洲人。随后几十年中，这支乐队也发生了很多变化。直到 1949 年新中国成立，时任上海市市长陈毅做出保留乐团的决定，这支亚洲最老的乐团自此开始了一段新的历程。

2009 年 1 月，我出任上海交响乐团音乐总监。作为一个上海人，能够回到家乡，有机会为这个有百年历史的乐团服务，这是让我觉得很开心、很激动的一件事。2019 年，“上交”刚刚庆祝了 140 周年。即便从全世界的乐团来看，能够过百岁生日的都很罕见。全球很多著名的城市，如柏林、伦敦、波士顿，都拥有一个优秀的古典音乐演出机构。城市与乐团彼此成就，乐团成为一个城市最闪亮的文化名片，“上交”无疑扮演了这样一个角色。

身处上海，我始终感觉到一种创新的动力在涌动。上海是这样一个多元包容的国际化城市，我们必须要带来各种各样的创新实践。我后来促成了上海交响乐团与上海音乐学院、纽约爱乐乐团合作，一起创立了全球首个跨洲共建的乐队学院——上海乐队学院。对我来说，我对这个城市的义务是为它带来更多的创造力。

对页图：上海交响乐团音乐厅。

中西合璧

上海的城市发展历史本身就是一个多元、中西合璧的历史，不完全在于它的建筑或生活层面，更重要的在于人的行为思想和习惯方面。这个城市非常国际化，从某种意义上说，我们现在从事的交响乐事业也是它的成果。

在我眼里，上海人最大的特点是“时髦”，亚洲或全球最前端的新鲜事物在上海都能找到。在我们上大学的那个年代，人们也留长发，穿喇叭裤，跳迪斯科…… 其实，上海对新生事物一直保持着敏感和拥抱的态度，而且这一姿态这么多年一直延续着。

上海人还有一个特点是“精致”，但上海人很节约，你也可以用另一个词“精明”来形容他们。上海人曾发明了风靡全国的“假领子”——受当时物质条件所限，很多人买不起或舍不得穿白衬衫，但为了保持良好的形象，上海人就设计出了一款衬衣“假领子”，从外面看上去像穿着一件非常漂亮的白衬衫，其实里面只有半截“假领子”。这不正是上海人追求精致且又精明的典型体现吗？

如今，我的日常生活中心有两个——北京和上海，它们是中国两座最典型的城市，也代表着两种不同的文化。上海对我来说始终是一座精致的城市，北京可能稍微“糙”一点，但这种“糙”也给了我很多有力量的养分，推动我不断产生创造力，然后我又把这种创造力带回给了上海。所以，北京的朋友经常“抱怨”我：你为什么把最好的创意，如乐队学院、夏季音乐节等都留在了上海，而不是北京？我也不知道应该怎么来解释这件事。

如果有海外友人来上海，我会建议他们先去外滩体验一下。站在外滩，一边是浓缩了百年历史风云的“老上海”，另一边则是以惊人速度崛起的“新上海”。如果让我来推荐上海新兴的音乐场所，可以让年轻人用更轻松、更多元化的形式来体验古典音乐，我会推荐全上海最潮的古典音乐打卡地，坐落于上海黑石 M+ 园区的第三空间，也是环球音乐集团旗下德意志留声机厂牌“黄标现场”(Yellow Lounge) 的落户之地。我们做的是给年轻人提供一个非常有意思的空间，还没有进入音乐厅的年轻人，可以自己注册、表演，可以自主设计音乐会的形式。这里是一个现代与古典气质相映衬、展现“海派”新味的空间概念。

对页图：上海街头即景。

LOEWE

BARBER SHOP
· ESTABLISHED 2008 ·
PAY HERE
33
IMUSE
BARBER
SHANGHAI
SHOP
PREMIUM GENTLEMAN'S HAIRCUT
SINCE 2008
XHZ 020016

“在我眼里，上海人最大的特点是‘时髦’，亚洲或全球最前端的新鲜事物在上海都能找到。在我们上大学的那个年代，人们也留长发，穿喇叭裤，跳迪斯科…… 其实，上海对新生事物一直保持着敏感和拥抱的态度，而且这一姿态这么多年一直延续着。”

余隆

对页图：上海街头理发店。

我的香格里拉时刻：回家的感觉

我常年在全球巡演，毫不夸张地说，酒店几乎成为我生活的一部分了。在我心目中，香格里拉就是“精致”的代名词。几年前，我在香港指挥春节音乐会，每天演出完回到港岛香格里拉，一下子就有了回家的感觉，特别亲切。还有一次在多伦多，我带领乐团在当地演出，外面大雪漫天，将近 –30℃，冻得瑟瑟发抖。但一回到香格里拉，那种温暖的氛围让人感觉非常舒服。

我一直觉得，我与香格里拉之间有一种神奇的“化学反应”，尤其是我在海外旅行的时候，就像找到了回家的感觉。在东方的文化品牌里，我很感谢有这么一个令人身心愉悦的去处。如果要用音乐来描述我心目中的香格里拉，我会毫不犹豫地选择莫扎特。因为它是一种轻盈、精致且非常高级的音乐，同时又充满了活力，非常生动。我曾经住过云南迪庆的香格里拉大酒店，感受到了当地的动感色彩，那里的植被和生态环境非常美、非常静，完全是一个世外桃源。

对页图：上海青西郊野公园。

Philippines
菲律宾

探索菲律宾

初次踏上菲律宾的土地就会发生不可思议的事情。在你开始探索这个岛国之前——还未及沉醉于它绚丽多姿的自然美景，着迷于它令人回味的文化，或是品尝它风味独特的菜肴——你会发现自己已深陷一种奇妙与放松的状态，可以尽情地呼吸。这是一个会对你的大脑中枢神经系统起到抚慰作用的国度，随着时间的推移，这种作用还会不断加大、加深。无论你是待上几日还是几周，你会始终对这里魂牵梦绕，总想再多去看一看、品一品。

菲律宾是一个可以激发探索欲的地方。这里星罗棋布着 7000 多座岛屿，大部分是无人岛。许多岛屿上的居民拥有各自的风俗、文化和方言。这是一个把对音乐的热爱刻在基因里的地方，你很快会发现这里有着自己独有的音乐旋律：从五颜六色的吉普尼传出的民谣歌声、卖炸鹌鹑蛋的小贩的吆喝声、雪糕车上发出的叮当作响声、季风吹拂棕榈叶发出的“沙沙声”。你体验到的是受亚洲和欧洲影响的多元文化，它以独特的方式交融，反映了这个国家丰富与复杂的历史。1946 年独立以前，菲律宾曾受西班牙殖民统治超过 300 年，后又成为美国领地近 50 年，人口大多是马来移民的后代。将这样一个宏伟而多元的群岛国家统一起来的是人民的精神：他们性格温和、充满热情，奉行“pakikisama”的合群与中庸之道，强调追求和谐、同理心及无冲突的人际关系。假如你只是和当地人说了两句话就被邀请一起品尝烤乳猪、鸡肉阿斗波，以及用新鲜的海鲜炖的酸角汤等家常菜时，不要感到奇怪，这就是菲律宾人待人处事的方式。

菲律宾首都马尼拉已新晋成为亚洲引人瞩目的大都市之一，活力十足却又悠闲自得，在经济发展的带动下，从农业扩展到制造业。在被古城墙环绕的王城区，在圣奥古斯丁教堂这样数百年之久的西班牙殖民时期老建筑体验穿越时间长河，你会充分感受到这个国家的历史。但最具诱惑力的还是要属弥漫于这些街区间的活力，比如卡瑞文街区（The Alley at Karrivin），一系列精品店、艺术馆和咖啡店沿着长廊分布。你会在这里无意中找到像“Toyo”这样的“亚洲 50 佳餐厅”，它提供菲律宾本土创意菜，每一餐饭都像是一席热闹的家宴。晚餐后的创意鸡尾酒有很多选择，如“Agimat”，这是一种用从肥沃乡野寻到的草本植物调制出的别出心裁的鸡尾酒。深夜时分，菲律宾众多的美食家们通常会去时尚新潮的波夫拉西翁（Poblacion）街区，这里布满了啤酒屋和地下酒吧，比如日式风格的 Oto 音乐酒吧，它白天是一间咖啡店，夜幕降临时则会摇身一变，成为一间鸡尾酒酒廊。度过这样的一天后，你会亲身感受到这是个如此多元化的国家，它既为传统文化而自豪，又渴望将这种文化与新时代相融合。

然而，除了马尼拉的大都会氛围外，菲律宾还展现出迷人的风光：郁郁葱葱的山脉、壮观的火山群、宝石般的湛蓝的海水、雄阔的悬崖峭壁，礁石处巨大的海龟在它的水下花园游过，而你可以在水椰树叶搭起的小屋檐下度过一天，尽情享受海滩和环礁湖边的宁静。徜徉在无边泳池或与狮子鱼一起深潜——不管你如何想象你的热带假期，在菲律宾总会有那么一个岛屿在等待你的到来。在薄荷岛，巧克力山会让你由衷地发出感叹，这里的风景独一无二：一种传说是，一个巨人在心爱的姑娘死后悲伤哭泣，眼泪幻化成了这 1200 多个被青草覆盖的山丘；另一种传说是，猛兽互相投掷的巨石形成了这些山丘。冲浪爱好者很早以前就迁移到了锡亚高，这里早已变成流浪艺术家的天堂。而长滩岛拥有一片雪白的沙滩，这里有当地最豪华的度假酒店。巴拉望和它周边环绕的小岛则邀请你乘坐螃蟹船一探究竟，在小湾里浮潜，追赶着猴子爬上陡峭的岩壁。当你在这里完全忘记了时间，甚至在不知不觉中度过了一整天，那说明你已深陷于这个国家的魅力之中。

菲律宾的很多地方，无论是海滨小镇、乡间村落，还是像邦板牙这样因美食而闻名的省份，都弥漫着一种愉悦、欢乐的节庆氛围。圣诞节在这里竟然要庆祝 4 个月之久。还有像巴科洛德的马斯卡拉节和达沃的卡达亚湾节等各种节日，人们都会身着华服，戴着精致的纸质面具涌上街头，聚集在小城市中庆祝好几天。无论你赶上哪一场庆典，请一定要参与其中。当你被狂欢的人群包围，你会发现，除了融入他们，已别无选择。当你唱着跳着，你已不再是一位旁观者，人们对社区和家园的热爱早已将你感染，使你成为其中的一员。

蔡启文
蜕变中的千岛之国

作为生力集团总裁兼首席执行官，蔡启文（Ramon S. Ang）将公司转型成为菲律宾最大和最多元化的企业集团之一，并以此助力推动菲律宾的经济发展。集团在菲律宾经济增长的支柱产业处于领先地位，包括食品和饮料、电力、石油和燃料、基础设施、水泥等。

PCIBank
YALE CUBAO

家乡的魅力

当我想到菲律宾，在我脑海里跳出的第一个词就是“家”。我去过世界上很多地方，看过很多漂亮、现代化的城市，但没有一处可与我的家乡媲美。

我在马尼拉的通多区长大，这是一个拥挤、热闹的地方。我记得城市里，特别是沿着马尼拉湾的罗哈斯大道上到处可见双层巴士，声响巨大、五颜六色的吉普尼车，还有二轮敞篷小马车。有些人会把通多区形容为一个聚集了暴力与犯罪的街区——所有的电影都是这样描写的，但在我看来并非如此。这个区很大，大多数社区比较穷，所以有很多生活困难的人，但你从来没有在他们的脸上看到过一丝无助。在本地人之中，我觉得邻里之间都很友好，大家彼此了解，相互信任，相互照顾。因为整个菲律宾都是这样，世界上任何有菲律宾人的地方都是这样。

当然，现在有了很多变化，路上有了更多的人、更多的车，交通变得拥挤。二轮敞篷小马车早已被淘汰，仅留下少量在王城区供游客体验。像奎艾波、岷伦洛和瑞客特这样著名的老购物区还在那儿，但它们早已不复当年。如今，马尼拉大都会圈里各种大型现代化购物中心才是大部分菲律宾人爱逛的地方。对他们来说，这些商场不仅仅可以购买日用品和吃饭，也是放松与社交的地方。

如果有人对菲律宾的历史感兴趣，我会推荐他们从马尼拉出发，开车向北或向南去其他省看看，比如南边的八打雁、奎松城，或是北边的拉乌尼翁。那些省不仅有现代化的城市，还保留着旧时代的魅力：树木，森林，以及成片的稻田、令人惊叹的山脉和美丽的海滩。沿途你会看到不同时期的老房子，20 世纪 60 年代的、70 年代的，甚至在某些地方能看见更早以前的房子。这些小镇基本上保留着几百年前西班牙殖民统治时期的风貌，当地人都非常热情、友好。

对页图：在马尼拉繁忙的街道上，一个卖气球的小贩在喧闹多彩的吉普尼车流中穿行。

宾至如归

菲律宾人深受西班牙和中国文化的影响，现在还能随处可见西班牙文化的影子。游览漂亮的古老教堂，或是在旧城墙环绕的王城区漫步，都像把你带回了那段旧时光。除了那些地方以外，西班牙风情也融入我们的文化与传统中。我们的菜肴也有很多西班牙美食，比如炭火烤乳猪、阿斗波卤肉、西班牙海鲜饭、炖牛尾汤、炖羊肉、炖牛肚，以及圣诞节期间的餐桌绝配——圣诞火腿和伊丹奶酪，所有这些广受喜爱的传统菲律宾菜肴都是从西班牙殖民时期一代代传到现在的。我们的语言还夹杂着很多西班牙词汇。我们的传统，比如精心准备的连续数日举办的全城宗教节日，在我们的天主教传统中已根深蒂固，也都是从西班牙传过来的。

虽然很多年我都没有参加过这样的节日活动，但我们生力集团一直特别注重支持地方节日。维萨亚斯地区因它们的节日而声名远扬，有宿务岛的圣婴节、怡朗的第那扬节、阿克兰的阿替 - 阿替汉节，还有马林杜克岛的莫里奥内斯节。许多宗教节日都是为了赞颂圣婴耶稣，或是为了纪念圣徒而举行的节日。每个到访者都应该体验一下我们这些精彩独特的地方传统节日。

我们菲律宾人非常有韧劲，适应力极强。我们都经历过困难，因此在我们国家的每一个人都会对他人敞开怀抱。我们信奉的一种价值观叫“malasakit”，用来形容一个人乐于助人，不求任何回报。这是菲律宾人的典型特点：从不辜负别人，与他人感同身受，尽可能帮助有需要的人。这就是为什么我们会照顾长者，我们会觉得别人的安乐要比自己的更重要。

世界很大，许多人都来自不同的背景，有着不同的追求，人们也许会忘记长辈们曾经对我们的教育，但我相信大部分菲律宾人还在坚守这些价值观。一方有难，八方支援，人们会帮助亲友，为他们提供住所、慷慨捐赠，并把物资送到有需要的人手上。

我觉得我们对客人非常友好，这就是菲律宾人以热情好客而闻名于世的原因。大部分菲律宾人喜欢拿出他们最好的东西招待客人，如果到菲律宾人家中做客，他们会请你吃好喝好，把最好的菜留给你。这里的人们随时愿意为你提供帮助，让你过得愉悦，并且留下美好的印象。

对页图：每年 1 月的第 4 个星期日，第那扬节在伊洛伊洛市举行。一名男子身着五彩服饰庆祝节日。

圣奥古斯丁教堂坐落在马尼拉王城区内，是菲律宾历史最悠久的教堂。走进教堂，仿佛令人置身于历史长河之中。
对页图：岷伦洛是马尼拉的唐人街。菲律宾人的生活受到中国文化的影响。

PHILTRUST B
BINONDO
菲律濱信託
中國城
ARKO NG PAGKAKAIBIGANG PILIPINO-TSINO
中菲友誼門
PHILTRUST BANK
A&S LAMPS
FLAMMABLE
RODRIGUEZ
62
Princess JOAN
ISABELA
Express

you can
but

“我们菲律宾人非常有韧劲，适应力极强。我们都经历过困难，因此在我们国家的每一个人都会对他人敞开怀抱。我们信奉的一种价值观叫‘malasakit’，用来形容一个人乐于助人，不求任何回报。”

蔡启文

对页图：菲律宾人热情友善、乐于助人、尊老爱幼的品质有着根深蒂固的文化根基。图为马尼拉通多区的一位母亲正在给孩子洗澡。

骑行之路

在我小的时候，我就对机械类的东西非常着迷。因此，我进入了改装车行业，在青少年时期就参加了赛车运动。这也是我在大学里选择了机械工程专业的原因，我喜欢研究它们是怎么运转的。

我对摩托车的热爱也与此有关。现在很少有时间骑摩托车了，但如果有机会的话，我会花一天从马尼拉往北开，去到拉乌尼翁或碧瑶。现在我们已建有“塔拉克—邦阿西楠—拉乌尼翁”高速公路，也称 TPLEX，从这条高速一路向北行驶会非常快捷。拉乌尼翁因其海滩而闻名，特别适合冲浪，并建有许多为冲浪者和周末旅行者提供服务的精品酒店。以前四五个小时的车程，现在从马尼拉大都会出发仅需 2 个小时即可到达。在拉乌尼翁，你可以骑摩托车 45 分钟，翻山行驶到达碧瑶市。碧瑶因地处群山之中，气候凉爽，被称为菲律宾的“夏都”。它还被称为“松树之城”，标志性的松树林会让你有置身于异国他乡的感觉。如今，这里的美食与艺术也非常有名。

对页图：在菲律宾，摩托车因方便快捷成为常用的交通工具。图为一群摩托车手参加绅士路骑活动。

上图：碧瑶被称为“松树之城”，这里的松树林吸引了众多游客和当地人到访。
下图：许多原住民居住在巴纳韦高山梯田，这里被联合国教科文组织列为世界文化遗产。对页图：星空下的长滩岛。
第 308–309 页图：在阿古桑沼泽地长大的马诺波 (Manobo) 原住民少年。阿古桑位于菲律宾最大湿地的中心地带。

创造未来

我一直都是一个敢于冒险的人。我认为，如果我们一直都待在舒适圈中，永远都不会获得成功，我经营生力集团就是一个很好的例子。长期以来，生力一直以啤酒和食品公司形象示人，所以起初大家都会表示质疑，他们无法想象我们的业务范围还会涉足电力、基础设施建设、能源和石油。但是，我们在这些商业领域逐渐站稳了脚跟，证明了我们的能力。

菲律宾拥有丰富的自然资源和多元的文化。或许我们在经济的某些方面还相对落后，但我们有人才、有技能，能够在很多领域和行业实现突破。我相信，只要赋能我们的人民，他们就会做到更好，我们的国家就会变得更有竞争力。

我最大的自豪感来自过去 10–12 年间的巨大变革。在生力集团 130 年的历程中，我们从来没有经历过如此快速的变化，也没有取得如此显著的进步。这些年我们取得了很多成绩，我们的努力也为菲律宾人和社会经济带来了积极的影响。

作为一个企业家，我始终希望坚持 malasakit 精神。对我来说，它体现在帮助我们的国家加快成长的步伐，变得更富有竞争力、更现代化，提高人们的生活水平，为我们的后代创造一个更美好的未来。我们的愿景与菲律宾的目标是一致的——引领发展的步伐。

对页图：罗哈斯大道毗邻马尼拉湾，是非常受欢迎的海滨长廊，在这里可以沿着椰子树散步，观赏落日。
第 312–313 页图：在过去的几十年中，马尼拉经历了一场巨大的变革，正发展成为一个国际中心。

metropolitan

马尼拉风情

我觉得今天的旅行者不仅仅想去旅游胜地，他们也想寻找一些独一无二的体验。马尼拉就是一个为你带来无尽体验的地方。

马尼拉代表了菲律宾的悠久历史，如果你有兴趣了解更多，这里就是你的起点。近些年，一些历史与文化遗址重新流行了起来，比如被重新修复的大都会剧院就是必打卡的菲律宾国家瑰宝。此外，这里还可以体验美食和多元文化的大融合。

即使是最经典的菲律宾菜肴，比如阿斗波，也有不同的做法，完全取决于厨师的风格。对我来说，最好的方式就是去当地的餐厅体验一番。我最喜欢到甲米地南部的大雅台吃饭，这是个深受当地人喜爱的美食目的地，可以品尝到最好的牛骨汤及其他菲律宾特色菜品。北边的“夏都”碧瑶市同样也是美食的天堂。还有长滩岛，那里有非常多传统风味的本地餐馆。这一切真的是说也说不完。

音乐在菲律宾也十分受欢迎，几乎每个人都能弹奏乐器或唱歌，我们也培养出了许多世界级的音乐家和歌手。在很多知名的音乐酒吧或酒店大堂，你都能欣赏到由菲律宾音乐人带来的精湛表演。

对页图：近年来，马尼拉的许多历史遗迹被重新修整，例如图中的马尼拉大都会剧院。

上图和下图：长滩岛汇集了众多的餐馆和传统美食。
对页图：长滩岛的海鲜市场。

NO
SMOKING

GERONIMO
ANGEL
Viva! STO NIÑO

我的香格里拉时刻：真诚相待

我认为，无论走到亚洲哪个地方，总会被酒店服务人员的真诚、质朴所感染。这是某种你在西方国家不常感受到的温暖，我想这正是郭鹤年先生通过香格里拉传递出来的情感。

我对郭鹤年先生一直非常仰慕，他的成功故事、敬业精神和谦虚慷慨的为人都很令人钦佩。他就是我学习的榜样，不仅是在做生意方面，还包括对慈善事业的支持。他是真正意义上有情怀的成功企业家。

什么是我心目中的“香格里拉时刻”?很简单，就是当我和家人在一起共享天伦之乐的时候。和很多家庭一样，工作总是占据了我们相聚的时间。2020年，我失去了我的一个儿子 Jomar，我开始意识到生命是多么宝贵，与家人相处的时间是多么重要，当我们都回到家中在一起用餐的时候是最幸福的时光。我的一个女儿喜欢烘焙，我们都乐享其中。孙子们让家里变得特别热闹，家人们在一起做什么并不重要，只要在一起就好。

对页图：菲律宾人的热情好客闻名于世，画面中是一位马尼拉的马车司机在岷伦洛教堂前迎接游客。
第 320–321 页图：长滩岛香格里拉一角。

致　谢

我们感谢为这个项目付出时间和精力的创作者们，他们用精彩的文字、插画与照片共同汇集成 了这本书。

谢谢英文作者兼主编 David Amsden 和中文作者李菁的优美文字；谢谢 Happy Menocal 的艺术插画，图片顾问令狐磊，以及 Russel Wong、Olivia Tsang、杨轶、储卫民、Gab Mejia、Mindy Tan 和 Lit Ma 等摄影师视角独特的专业创作。

关于作者

David Amsden，常住洛杉矶，旅行和文化作家、编辑。从事记者工作长达二十余年，定期为 Travel + Leisure、Condé Nast Traveler、《滚石》和《纽约时报》等顶级报刊撰写文章。

李菁，资深媒体人，拥有二十多年专业经验。曾任《三联生活周刊》副主编，并著有十余本书籍，包括《往事不寂寞》《记忆的容颜》《百年贝聿铭》《走出历史的尘烟》等作品。

鸣　谢

封面和封里：由香格里拉提供

第5页：由新加坡通讯及新闻部提供；第6, 100, 118页：© Olivia Tsang；第9, 50-51, 57, 61, 75, 79, 80, 91, 95, 96-97, 109, 113, 117, 120, 125, 131, 144, 148-149, 151, 156 (上图), 162, 170 (上图), 172, 177, 183 (上图), 186-187, 196, 200, 203, 204, 208, 214, 220, 226, 235, 240, 242-243, 245, 249, 256, 264, 271, 278, 283, 290-291, 293, 297, 298, 303, 304, 310, 315, 319页：© Happy Menocal；第12, 18, 21, 22-23, 24-25, 28, 30, 31, 34, 35, 36, 37, 41, 45, 49, 202, 221页：由香格里拉提供；第14页：© UtCon Collection/Alamy Stock Photo；第15页：© Bettmann/Getty Images；第16页：© TT News Agency/Alamy Stock Photo；第17, 46, 58, 60, 63 (右上), 63 (下图), 64, 70-71, 72-73, 78, 82-83, 86-87, 93, 94页：© Mindy Tan；第26-27页：© Claudine Klodien/Alamy Stock Photo；第32-33, 39, 40, 156 (下图), 158, 168, 169, 170 (下图), 171, 173, 174-175, 182, 184-185, 201, 209, 217, 238, 241, 258-259, 265, 268-269, 270, 279, 280-281, 289页：© 储卫民；第38页：© Xinhua/Alamy Stock Photo；第42页：© Gerhard Joren/LightRocket/Getty Images；第43页：© Xinzheng/Getty Images；第55, 77页：© Russel Wong；第56页：© Touring Club Italiano/Marka/Universal Images Group/Getty Images；第59页：© Thomas Cockrem/Alamy Stock Photo；第63页 (左上)：© Richard R.Handley/Alamy Stock Photo；第65页：© fotoVoyager/Getty Images；第66页：© Sam Kang Li/Bloomberg/Getty Images；第69页：© Ted Streshinsky/Corbis/Getty Images；第74页：© Derek Teo/Alamy Stock Photo；第81页：© Dennis Gilbert-VIEW/Alamy Stock Photo；第89页：© Jonas Gratzer/LightRocket/Alamy Stock Photo；第90页：© Dennis Chang - Singapore/Alamy Stock Photo；第92, 176, 305页：© IC Photo；第103页：© imageBROKER/Alamy Stock Photo；第104-105页：© Panther Media GmbH/Alamy Stock Photo；第107页：© Peter Horree/Alamy Stock Photo；第108页：© James Marshall/Getty Images；第111页：© Image Professionals GmbH/Alamy Stock Photo；第112页：© Mr. Banyant Manakijlap/Getty Images；第115页：© South China Morning Post/Getty Images；第 116页：© Jeanne Rose Gomez/Unsplash；第121, 122, 124页：© Lit Ma/Common Studio；第123页 (从左上角开始顺时针方向)：© Lit Ma/Common Studio, © Ian Trower/Alamy Stock Photo, © Lit Ma/Common Studio, © Lit Ma/Common Studio；第127页：© S3studio/Getty Images；第129页：© Jonas Gratzer/Getty Images；第130页：© Grant Rooney Premium/Alamy Stock Photo；第133页：© Zhangyu；第134页：由李泽湘团队提供；第136页：© UCG/Getty Images；第138-139页：© DYLin/图虫创意；第141页：© Edmond So/South China Morning Post/Getty Images；第142页：© Nora Tam/South China Morning Post/Getty Images；第145页：© K.Y.Cheng/South China Morning Post/Getty Images；第146页：© Tse Hon Ning/Getty Images；第152-153, 191, 206-207, 222-223, 272页：© 杨轶；第154-155页：© 刘华/视觉中国；第157, 163页：© 杨多荤；第159页：© GUNDAM369/图虫创意；第160页：© 贾祯；第164页：© Xu Changliang/Xinhua/Getty Images；第165页 (从左上角开始顺时针方向)：© Visionchina/Getty Images, © 杨多荤, © STR/AFP/Getty Images, © 杨多荤；第166页：© Bettmann Archive/Getty Images；第167, 282页：© shhb/IC Photo；178-179页：© Ryan Pyle/Corbis/Getty Images；第180, 181页：© 伽罗；第192页：© Brian A. Vikander/Getty Images；第194-195页：© Forrest Anderson/Getty Images；第197页 (从左上角开始顺时针方向)：© 储卫民, © Qin Ningzhen/Alamy Stock Photo, © 张于惠子, © Elizaveta Galitckaia/Alamy Stock Photo；第198-199页：© Kevin Frayer/Getty Images；第205页：© Volkerpreusser/Alamy Stock Photo；第210页：© Tony Vingerhoets/Alamy Stock Photo；第211页：© TAO Images Limited/Alamy Stock Photo；第212页：© STR/AFP/Getty Images；第215页：© View Stock/Alamy Stock Photo；第 216页：© DuKai Photographer/Getty images；第218页：© Frederic J. Brown/AFP/Getty Images；第224页：© Daniel Simon/Gamma-Rapho/Getty Images；第227页：© Feng Li/Getty Images；第228-229页：© Wang Zhao/AFP/Getty Images；第230页：© Bernando De Niz/Bloomberg/Getty Images；第233页：© 2023曾梵志；第234页：© Stockinasia/Alamy Stock Photo；第236-237页：© Teh Eng Koon/AFP/Getty Images；第247页：由携程集团提供；第248页：© 胡飞云；第250-251, 253, 254-255, 275, 276-277页：© 陆杰；第257页：© Feng Li/Getty Images；第261页：© TapTravel Stock/Alamy Stock Photo；第262-263页：© 田方方；第266, 286页：© 张炜华；第267页：© xPACIFICA/Getty Images；第285页：© 摄影师：陈玲娟 /模特：黄智珊；第294-295页：由生力集团提供；第296页：© Mauritius Images GmbH/Alamy Stock Photo；第299页：© Jorge Fernández/LightRocket/Getty Images；第300页：© Interim Archives/Getty Images；第301页：© Jon Bilous/Alamy Stock Photo；第302, 306, 307, 308-309, 312-313, 314, 316 (上图), 317, 320-321页：© Gab Mejia；第311页：© Veejay Villafranca/Bloomberg/Getty Images；第316页 (下图)：© Nathan Allen/Alamy Stock Photo；p. 318：© Buena Vista Images/Getty Images。

我们已尽力联络相关图片的版权所有者，并获得使用权。如有任何错误或遗漏信息，出版社将于再版时进行更正。

图书在版编目（CIP）数据

从心出发：情怀亚洲 50 年 / (美) 大卫·阿姆斯登 (David Amsden), 李菁著. -- 北京：中国摄影出版传媒有限责任公司, 2023.11
ISBN 978-7-5179-1339-9

Ⅰ. ①从… Ⅱ. ①大… ②李… Ⅲ. ①饭店—企业集团—企业管理—中国 Ⅳ. ① F726.92

中国国家版本馆 CIP 数据核字 (2023) 第 208300 号

ONETREEPLANTED

Assouline 支持其承诺，通过重新造林打造更可持续的世界。

地址：3 Park Avenue, 27th floor
New York, NY 10016 USA
电话：212-989-6769
传真：212-647-0005
assouline.com

编辑主任：马克·艾因泽勒（Marc Einsele）
编辑：莉娜·埃斯奇（Léana Esch）
高级艺术总监：阿莱西亚·爱丽舍（Alessia Elysee）
设计师：蒂博·布伊塞（Thibault Bouisset）
图片编辑：安德烈亚·拉米雷斯·雷耶（Andrea Ramírez Reyes）
助理图片编辑：黄诗咏（Ginger Ooi）

书　　名：从心出发·情怀亚洲 50 年
作　　者：大卫·阿姆斯登（David Amsden）　李菁
主　　编：马克·艾因泽勒（Marc Einsele）
策划编辑：王　彪
责任编辑：魏长水
装帧设计：阿莱西亚·爱丽舍（Alessia Elysee）
出　　版：中国摄影出版传媒有限责任公司（中国摄影出版社）
地　　址：北京东城区东四十二条 48 号 邮编 :100007
发 行 部：010-65136125 65280977
网　　址：www.cpph.com
邮　　箱：distribution@cpph.com
印　　刷：雅昌文化（集团）有限公司
开　　本：大 8 开
纸张规格：889mm x 1194mm
印　　张：40.5
印　　数：1-1000 册
版　　次：2023 年 12 月第一版
印　　次：2023 年 12 月第一次印刷
ISBN　978-7-5179-1339-9
定　　价：1398.00 元